AF554209

His *Name* is the *Word of God*

en Español

Adam LiVecchi

HIS NAME IS THE WORD OF GOD

SU NOMBRE ES EL VERBO DE DIOS

ISBN 978-0-9835523-2-1

Impreso en los Estados Unidos de América.

Reconocimientos

Gracias del Special por ayuda con el libro - mi Sarah hermosa y querida, mac Barnes y Jeanine Guiffrida.

Gracias del special a mi padre, madre y hermano Aaron. Gracias a la creencia en mí y a animarme a perseguir los sueños de dios para mi vida.

Gracias a los amigos en el ministerio.

John Natale
www.johnnatale.net

Abner Suarez
www.abnersuarez.com

Mac Barnes
www.haiticharity.org

Steve & Christina Stewart
www.impactnations.com

Otra amigos en la ministrio.

Nic & Rachael Billman
www.shoresofgrace.com

Jonathan Welton
www.jonwelton.com

Contenido

Introducción 9
Espíritu Santo Te Honramos …

Capítulo 1 13
El Cordero que fue Inmolado antes de la Fundación del Mundo

Capítulo 2 22
¿Como Tratamos Al Verbo de Dios?

Capítulo 3 28
Experimentando La Palabra en La Tierra de Promesa

Capítulo 4 37
La Tensión que La Palabra Trae

Capítulo 5 41
Vemos a Jesús

Capítulo 6 50
La Palabra de Su Poder

Capítulo 7 55
Las Capas y el Tiempo de La Palabra

Capítulo 8 66
Jesús y Las Escrituras

Capítulo 9 75
La Escritura de Verdad y El Jesús Que La Abre

Capítulo 10 83
El Misterio de La Piedad y El Verbo Haciendose Carne

Capítulo 11 93
Ubicandonos Para que La
Palabra No Sea Robada

Capítulo 12 100
Guardandando La Palabra

Capítulo 13 107
Por Quien Dios Trae Su Palabra

Capítulo 14 112
Tu Palabra Es Verdad

Capítulo 15 120
Mirando A Jesús

Capítulo 16 128
Viviendo De Cada Palabra
Que Sale De la Boca de Dios

Capítulo 17 137
Has Engrandecido Tu Nombre Y
Tu Palabra Sobre Todas Las Cosas

Introducción

ESPÍRITU SANTO

Te Honramos . . .

Un tributo al mejor Maestro, ESPÍRITU SANTO ...

Eres El Espíritu de Verdad, El Espíritu de Vida, El Espíritu de Santidad, El Espíritu Ardiente y de Juicio, El Espíritu de Adopción, El Espíritu de Gracia y Súplica, El Espíritu de Intercesión, El Espíritu de Profecía, El Espíritu Eterno, El Espíritu de Sabiduría y Entendimiento, El Espíritu del Dios Vivo, El Espíritu de Gloria. El Espíritu que levantó a Jesús de entre los muertos. El Espíritu que JESÚS entregó desde la cruz, El Espíritu que fue derramado en Hechos 2 ...El Consolador...El Espíritu que llevó a Jesús al desierto, El Espíritu que vino sobre Jesús en forma Corporal en el rio Jordán. El Espíritu que busca las cosas profundas de Dios. Eres el sello de nuestra salvación. Eres las siete lámparas que queman delante del Trono de DIOS, que iluminan y forman el arcoiris alrededor del Trono; ¡Nos guias a toda Verdad!

ESPÍRITU SANTO ...

Siempre dices la Verdad, nunca llamas enfermo, no hay que pagarte dinero, vienes por invitación personal y orquestación divina. No demuestra Su enojo aunque esté triste con otra persona. ¡NO es Religioso! Cuando quieras aprender Él te enseña. Mientras más tiempo pases con Él, más fuerte te pones. Él ama Su trabajo. No lo hace simplemente por un cheque. No te recibe con un abrazo extraño si perteneces a otra iglesia.

Si no hablas su lenguage Él te enseñará. Si no hablas Su lenguage Él hablará el tuyo, es tan HUMILDE.

Él bautiza al VERBO, manifiesta la luz y presenta a JESÚS, nos recuerda todo lo que JESÚS habló. ¡Recibe la más alta recomendación de parte de JESÚS! No opera bajo el espíritu de confusión, no hay nada que no entienda. Su enseñanza aplica para el presente; no te dice "te lo dije" ni te recuerda lo que hiciste mal, te edifica.

Siempre es Amoroso, Paciente y Amable, Verdadero, Misericordioso y Justo, todas estas cosas a la misma vez. No te pide que hagas un montón de cosas y después no quedar satisfecho contigo. Le enseña a los indeseables. ¡No se pone celoso si vas a otra iglesia donde hay MÁS DE ÉL! Nunca miente diciendo que está enfermo para irse a jugar golf. Manifiesta la revelación del Padre, no la información de la sabiduría del hombre. ¡No le da cuenta a un sistema religioso que quiere controlarte en nombre de orden!

¡Quiere investirte de poder, darte dones y enviarte! Quiere darte frutos para que el mundo vea quién te compró con Su sangre preciosa. Te dará convicción y consuelo en un mismo aliento. Cuando entra a un lugar todo cambia. EL ESPÍRITU SANTO puede hablar alto o bajito, puede ser un viento recio o un silbo apacible y delicado. ¡Siempre hace la voluntad del PADRE! Hace lo que es mejor para tí aunque te duela. Nunca está demasiado ocupado, no hay material que le sea desconocido, y nunca se olvida de ningún nombre. No hace acepción de personas, no tiene aventuras con estudiantes y nos ayuda en los examenes.

No se aburre de tus preguntas si estás verdaderamente interesado, resucita a los muertos. Enseña por ejemplo, no por teoría o ideas teológicas. No enseña falsa doctrina para acomodar Su falta de fe. No enseña cosas para manipularte para Su propia ganancia; ama a JESÚS con todo Su corazón. Tiene una relación perfecta con el PADRE y el HIJO. Nunca ha desagradado al PADRE ni al HIJO, nunca le ha fallado a nadie. Nunca es aburrido escuchar al ESPÍRITU SANTO. Nunca está estancado, siempre se está moviendo. Nunca tiene mal olor, Él viste la FRAGANCIA de CRISTO, porque Él es el Espíritu de JESUCRISTO. Los espíritus malignos se le sujetan. Los que confían en el hombre no pueden agradarle. Nunca puedes tener demasiado de Él, no se va a no ser que lo desprecies; "desafío" no es una palabra en Su vocabulario, pero "Victoria" sí. Él es PODER... entiende el Griego y el Hebreo, no usa versículos fuera de contexto. Él es el Espíritu Superior que estaba en Daniel. Si alguna vez quieres saber lo que te está enseñando, te lo mostrará. Va de excursión; debe ser la Cabeza de cada junta de misiones en cada iglesia. Te sorprende, Su fuego limpia nuestras bocas. En Su clase alguien puede estar riéndose mientras que el otro está llorando y no hay confusión. ¡Sus clases ofenden al religioso pero atrae al hambriento y al sediento! Sabe como pronunciar todos esos grandes nombres de las genealogías del Antiguo Testamento. ¡Oye todo lo que dices a Sus espaldas, oye cuando hablas mal de la esposa del CORDERO, y Se entristece! Nadie puede pararlo de ser quien Él es. No es inseguro, nunca está preocupado, no tiene temor y no le falta nada. ¡Es el Aliento de Vida; Él es DIOS!

¡Por favor, no apaguéis al Espíritu, no lo contristéis, Él es el regalo de DIOS para nosotros, habla con Él, hazle preguntas; entrégale tus peticiones de oración...PERMÍTELE que te hable y te diriga!

ESPÍRITU SANTO te AMAMOS y te HONRAMOS ...

Capítulo 1

El Cordero que fue Inmolado antes de la Fundación del Mundo

"Y la adoraron todos los moradores de la tierra cuyos nombres no estaban escritos en el libro de la vida del Cordero que fue inmolado desde el principio del mundo." (Apocalipsis 13:8)

Primero tenemos que entender que al que se está adorando en este versículo no es Jesús, el Cordero, pero la bestia o el anticristo (2 Tes. 2:3). El fin de adorar una criatura tan espantosa es para aquellos "cuyos nombres no estaban escritos en el libro de la vida." Sin embargo, la bestia no es el enfoque de este libro. La idea más fascinante en Apocalipsis 13:8 es que El Cordero fue inmolado desde el principio del mundo. Uno puede creer que es también muy probable que el Libro del Cordero fue escrito desde el principio del mundo. Medita en esto por unos minutos. Dios, Jehová, es inmutable y omnisciente. Él sabía quien lo aceptaria y quien no. Es por eso que en el ministerio terrenal de Jesús, él dijo "estrecha es la puerta, y angosto el camino que lleva a la vida, y pocos son los que la hallan."

El último movimiento de Dios en la tierra será una revelación corporal de con quien, nosotros, la iglesia, se casará – el Cordero Inmolado. El amor nupcial de la iglesia crecerá en cuanto la revelación de Jesús como el Cordero Inmolado vuelva al frente de la iglesia. Cuando recibamos nuestros nuevos cuerpos en el cielo, Jesús quien nunca cambia, llevará las marcas de nuestra compra en Su cuerpo. Llevará las marcas en Sus pies y manos, y la herida en Su costado. Creo firmemente que la única manera para vencer, es no amar nuestra vida y resistir la apostasía de la iglesia en los últimos tiempos (que ya está aquí) y es recibir una Revelación del Cordero. El último libro de la Biblia, que vino del "libro" del Cordero, es la revelación de Jesucristo. Jesús dijo "Mis palabras son Espíritu y Vida." El último libro de la Biblia se trata de revelar al Cordero por todo lo que Él es. Los primeros cuatro capítulos de Apocalipsis no lo mencionan como Cordero. En el capítulo cinco, Jesús es revelado como el Cordero inmolado. Después, el nombre principal usado para Jesús es, "El Cordero." Fue revelado como despreciado y desechado entre los hombres, experimentado en quebranto. Todas estas palabras son Espíritu y Vida, por lo tanto, el último derramamiento será la Revelación del Cordero que es Digno, y vendrá un movimiento de Martirio. Existirá un grupo de santos cuya sangre declarará, "Digno es el Cordero que fue Inmolado."

Juan el Revelador, quién es el Autor del libro de Apocalipsis, estaba en el espíritu. Más bien, él fue derramado dentro del Espíritu, no solamente el Espíritu sobre él y después en él, pero él fue inundado en el Espíritu en el Día del Señor cuando comenzó el libro de Apocalipsis. Juan estaba en la Isla de Patmos por el Verbo de Dios y el testimonio de Jesús. Él fue fiel en predicar lo que sabia, y Dios fue fiel revelándole más a Juan. Juan estaba sumergido o inundado en el Rio de Dios, y recibió la Revelación del Cordero. Alguna revelación viene cuando aún estamos vivos a la carne. Por ejemplo, en Mateo 16, Pedro le dice a Jesús, "Eres el Cristo"; y después en solo unos cuantos versículos más tarde Jesús le dice a Pedro, "Quítate de delante de mí, Satanas." La carne de Pedro era una realidad dominante en su vida. Sin embargo, cuando Juan recibió las visiones que componen el libro de Apocalipsis, él estaba verdaderamente crucificado con Cristo, a tal manera que el Padre le reveló a Jesús como el Cordero Inmolado. Acuérdate, Juan estuvo en la cruz durante la cruxificción de Jesús. Ahora el Padre deseaba que Juan recibiera una revelación más profunda de Jesús. Esta revelación terminaría la Biblia. Juan vió la vida de Jesús terminar, y tuvo el privilegio de escribir los toques finales en la Biblia y ver la autoridad de las Escrituras llegar a su fín. Mencioné a Pedro brevemente porque la revelación de que Jesús era el Hijo de Dios estaba supuesto a ayudar a Pedro entender el sacrificio de Jesús como parte del plan de salvación de Dios. Cuando Pedro recibió la revelación, ésta no cambió su percepción o entendimiento de los propósitos de Dios en Cristo. Recibimos revelación para poder cambiar como vemos, lo cual nos ayuda a cambiar nuestra manera de vivir y nuestra percepción de la vida.

El costado de Jesús fue traspasado mientras que Él aún estaba en la cruz, pero después que había entregado Su Espíritu. Nuestro quebrantamiento viene después que conocemos a Jesús en la cruz y ofrecemos nuestra voluntad a Dios a cambio de Su voluntad. Cuando ofrecemos nuestra voluntad a Dios, es entonces cuando Su Palabra viene a nosotros en una manera clara como lo menciona Apocalipsis 3:19. Cuando rendimos nuestra voluntad, nos posicionamos para recibir la voluntad de Dios que está bien definida en Su Palabra. Juan recibió esta revelación mientras que estaba exiliado por predicar el Verbo de Dios y el testimonio de Jesús. La revelación también vino después que la voluntad de Juan estaba completamente rendida. La revelación del Cordero viene a ellos que quieren más de Dios y que tienen corazones rendidos. El traspasamiento que María tuvo al pie de la cruz, le sucederá a una generación de vírgenes prudentes. Las vírgenes prudentes son aquellos que se sientan a los pies de Jesús y cultivan un oído que oye y un corazón apasionado. Un corazón apasionado y un oído que oye te llevarán a un estilo de vida de obediencia a la Palabra de Dios y a un derramamiento de Su Espíritu.

Con la verdad de que El Cordero fue inmolado antes de la fundación del mundo, vamos a considerar la creación. Ambos Pablo y Juan estan de acuerdo, que Jesús o el Verbo de Dios, lo creó todo. Vemos que las siguientes Escrituras apuntan directamente a Jesús como Creador (Juan 1:1-3; Colosenses 1:16, 1:20).

Pablo lo explica de una manera interesante, veamos estos dos versículos en Colosenses:

> *"Porque en Él fueron creadas todas las cosas, las que hay en los cielos y las que hay en la tierra visibles e invisibles; sean tronos, sean dominios, sean principados, sean potestades; todo fue creado por medio de Él y para Él"* (Colosenses 1:16)

> *"Y por medio de Él reconciliar consigo todas las cosas, así las que están en la tierra como las que están en los cielos, haciendo la paz mediante la sangre de su cruz"* (Colosenses 1:20)

Pablo habla sobre la creación y redención; ¿será posible que el Creador, durante la creación, ya tenía redención en Su pensamiento, porque Jesús es el Cordero que fue inmolado antes de la fundación del mundo? En la creación, ¿ya Jesús el Verbo de Dios tendría la cruz en Su pensamiento cuando estaba creando el mundo?

Tengo algunos pensamientos interesantes que presentar sobre la creación. Considera esto, si el Cordero fue inmolado antes de la fundación del mundo, y el Cordero escribió el Libro de la Vida, y Abel ofreció un Cordero antes que la ley se lo indicara; entonces tal vez cuando Jesús estaba creando el mundo, ya la cruz estaba en Su pensamiento. Veamos el orden del Creador.

Primero, antes de Dios hablar, de acuerdo a la Escritura, el Espíritu de Dios se movía sobre la faz de las aguas. Aún antes de Dios hablar, ya el Espíritu de Dios estaba preparado para cumplir lo que se hablaría. El Espíritu de Dios estaba posicionado para cumplir la Palabra aún antes de ser hablada. Ver Génesis 1:1-2. Y dijo Dios: "Sea la luz" y fue la luz. Esto no es "luz de sol", esto es "luz del Hijo". Más tarde en Génesis 1:14, vemos la separación del día y la noche, la luz de las tinieblas. Sin embargo, en Jesús no hay tinieblas, un reino dividido no puede permanecer, en Jesús solo existe la luz. Por lo tanto sabemos que Jesús es la Luz del mundo. Jesús es el Cordero inmolado desde antes de la fundación del mundo, es el Creador, en el principio era el Verbo, y el Verbo era con Dios, y el Verbo era Dios. De acuerdo a la Escritura, Jesucristo es el mismo ayer, hoy y por los siglos. Jesús es el Cordero inmolado desde antes de la fundación del mundo, por lo tanto, tiene sentido tener la cruz en Su pensamiento sí ya Él era el Cordero inmolado.

En el tercer día de la creación el Creador inmolado, quién tiene la cruz en Su pensamiento, produce la hierba verde como lo explica el siguiente verso. *"Produjo, pues, la tierra hierba verde, hierba que da semilla según su naturaleza, y árbol que da fruto, cuya semilla está en él, según su género. Y vio Dios que era bueno"* (Génesis 1:12). La semilla tiene que caer en la tierra y morir antes de que pueda dar fruto. Esto es una sombra y tipo de la muerte y la resurrección; es una representación de estar crucificado con Cristo y después tener el fruto de Su Espíritu, la misma evidencia de Su existencia, en tí. El Creador en el tercer día de la creación, creó una semilla. Esa semilla lleva vida en sí misma, pero esa vida es comestible para otros después que muere. La luz del sol y el agua la han nutrido, después da fruto visible y evidente, entonces madura y se puede comer. La cosecha no es sólo cuando un alma se salva, sin embargo, es el fruto madurando. Nos convertimos la cosecha cuando damos frutos espirituales, como amor, gozo y paz (Gálatas 5:22-23). Es muy importante que seamos la cosecha antes de ser obreros en la cosecha de Jesús. Entonces en el mismo verso (Génesis 1:12) tenemos un árbol que da fruto, cuya semilla está en él, según su género. La única manera de dar fruto es ser una extensión o un pámpano de la Vid Verdadera, Jesucristo. En la creación vemos a un Redentor inmolado creando un árbol cuya semilla está en él y una semilla que da fruto. Ambos fueron creados simultáneamente cuando Jesús abrió Su boca y habló. Jesús está creando una semilla que da fruto según su naturaleza en el tercer día, sabiendo que Él es el "grano de trigo"que morirá y resucitará de acuerdo a la Palabra hablada por medio del profeta Isaías. Jesús es omnisciente, por lo tanto, Él sabía que en el tercer día cuando Él creara un árbol, Él resucitaría en el tercer día de estar cruficicado en un árbol (la cruz). No existen coincidencias con un Dios Poderoso y omnisciente. Jesús estaba completamente consciente que Él era esa semilla que produce según su género. Por medio de Jesús ofrecer Su Divino Espíritu, el Espíritu de Dios en la cruz, somos co-herederos de su Divina Naturaleza. El mismo Espíritu que levantó a Cristo de los muertos mora en nosotros y a continuo pone a morir nuestra pasada manera de vivir, nuestra percepción, nuestros sentimientos y forma de pensar. Comenzamos a dar el fruto que es solamente posible si hemos sido injertados al Árbol de la Vida. No solamente están en Su pensamiento la cruz y la resurrección, pero literalmente la consumación de todas las cosas a Su Señorío. El próposito de la cruz y la resurrección es para la consumación de todas las cosas a Su Señorío, Su Soberanía y Su Eterna dirección. Jesucristo, Dios hombre, estaba manifestando la sabiduría de Dios aún antes de completar la creación del primer hombre y del mundo.

Después de esto vemos en el cuarto día de la creación, que a la palabra de Jesús se separan el día y la noche. Su palabra no separa alma y espíritu, pero separa la luz de las tinieblas. Su palabra define estaciones y tiempo. Esto es bien interesante porque la muerte de Jesús literalmente divide el tiempo a la mitad. Cuando Dios habla ocurre división. *"Volvió a haber disensión entre los judíos por estas palabras"* (Juan 10:19). Este es otro ejemplo; *"Padre, glorifica tu nombre. Entonces vino una voz del cielo: Lo he glorificado, y lo glorificaré otra vez. Y la multitud que estaba allí, y había oído la voz, decía que había sido un trueno. Otros decían: Un ángel le ha hablado"* (Juan 12:28-29). Jesús respondió y dijo: no ha venido esta voz por causa mía, sino por causa de vosotros. Ambos grupos estaban equivocados. Estaban divididos con su percepción equivocada de la voz de Dios.

En el sexto día de la creación, el Creador inmolado creó al hombre a Su imagen y semejanza; Jesús fue crucificado en Su creación (un árbol – la cruz), por Su creación (el hombre), y por Su creación (nosotros). Estuvo colgado en la cruz seis horas y creó al hombre el sexto día. Redimió al hombre convirtiéndose pecado, colgado seis horas, ofreciendo Su Divino Espíritu. Su resurrección tres días después nos trasladó del reino de Adán y del sexto día (el número del hombre) y nos injertó al reino del tercer día, al reino de Su Hijo amado en compañía de Sus hijos resuscitados. No hay manera de que yo hubiera descubierto esto por mí mismo, y no hay nada que podamos descubrir fuera de un Dios omnipresente y omnisciente que en Su inmensa sabiduría escogió habitar dentro de nosotros. Me fascina cuanto la cruz estaba en Su pensamiento para haber creado un árbol cuya semilla estaba en él y sabiendo que Él es el árbol y yo la semilla. Si Él nos conoció antes de la fundación del mundo, entonces es posible que Él sabía quién lo aceptaría y quién no. Predestinación no es Jesús escogiendo por nosotros, es conociendo nuestra elección antes de que la hagamos. Sí ya estábamos en Él antes de la fundación del mundo, y antes de que el Libro del Cordero fuera escrito, y la Ley y Los Profetas o el Nuevo Testamento, quizás ya Él sabía lo que iba a pasar antes que pasara. Quizás Él ve el fin desde el principio. Él es el Alfa y la Omega, Principio y Fin, el que es y que era y que ha de venir, el Todopoderoso. Es muy importante notar que la Escritura es acerca de Jesús, que Dios es bueno, y comenzar a entender el corazón de Dios hacia nosotros, para poder tener Su corazón hacia otros.

Me entristece decir que la Biblia es el libro más tergiversado y malentendido que se haya escrito. Aunque actualmente es el libro más vendido, ha producido gran derramamiento de sangre a través de los siglos porque es la Palabra de Dios. La Biblia es infalible, pero no los lectores. Por esta razón, Jesús se ha convertido el personaje más malentendido y tergiversado de la historia. Si permitimos que Jesús nos guíe y no nuestra carne, seremos iluminados a toda verdad y no llevaremos a otros al engaño. Cuando nos acercamos al Verbo de Dios, debe de ser con temor y con temblor y con la mente de Cristo. De esta manera el Jesús resucitado nos abrirá las Escrituras, enseñándonos no solamente Su Palabra pero también Sus caminos. Esto nos guardará del engaño, la ofensa y de distorsionar al Autor del Libro.

Tenemos que entender que Dios conoce todo acerca de nosotros, y estuvo dispuesto a ser inmolado por nosotros aún antes de que pudiéramos cometer pecados, confesarlos y arrepentirnos por ellos. Comprender este concepto definitivamente es la puerta para recibir un corazón apasionado que continuamente fije los ojos en la belleza del Señor en Su Palabra. La profundidad del sacrificio del Cordero es el único odre o teología que puede completamente entender los últimos tiempos sin ofenderse. Juan el Revelador tuvo un panorama completo de los últimos tiempos 96 años después de la muerte de Jesús, Juan lo vió como el Cordero herido en la eternidad. ¿Porqué el Espíritu Santo le permitió a Juan ver a Jesús de tal manera (como el Cordero inmolado) cuando él estuvo al pie de la cruz y cuando Jesús fue herido? El poderoso Espíritu Santo le permitió a Juan ver lo que el Padre ve y después le muestra lo que el Padre hará en el tiempo venidero. Ver lo que el Padre está haciendo sin ver lo que el Padre ve, causaría un gran problema que el Espíritu Santo no queria que Juan pasara. Juan ya estaba exiliado por el Verbo de Dios y por el testimonio de Jesús. El Verbo de Dios nos muestra la perspectiva de Dios que nos guarda del engaño y nos guía a la bendición de la Verdad que es una persona.

Capítulo 2
¿Como Tratamos Al Verbo de Dios?

Jesús, el Verbo de Dios, es absolutamente bueno. El escritor del libro de Hebreos habla de gustar de "la Buena Palabra de Dios y los poderes del siglo venidero." Tal vez él esta haciendo referencia a la necesidad de experimentar a Jesús y Su poder. Jesús nos da vida, aliento y libre albedrío. Entonces se hace vulnerable y se somete a como lo tratamos, y nos permite escoger lo que Él hizo en el Calvario. Como tratamos al Verbo de Dios es cuanto valoramos la cruxificción de Cristo. Cuando uso la palabra "tratamos", quiero decir, ¿obedecemos lo que Dios ha dicho en Su Palabra o no? Jesús dijo, "el que me ama, mi palabra guardará." Nuestro amor por Él y Su presencia es manifestado por como guardamos Su palabra, no por cuán alto cantamos en la iglesia. Jesús es nuestro Señor si escuchamos Su palabra y la obecedemos. Jesús hace una pregunta asombrosa en Lucas; "*¿Por qué me llamáis, Señor, Señor, y no hacéis lo que yo digo?*" Él no está buscando una respuesta astuta ni religiosa pero está buscando un corazón arrepentido que sólo tiene lugar para Su palabra.

Cuando las personas que Dios ha puesto en autoridad no tienen consideración por la Palabra de Dios, el pueblo de Dios es sitiado y llevado cautivo. La autoridad que Dios delegó para proteger, se convierte la razón por la cual el pueblo es saqueado y llevado cautivo. Bienvenido a la iglesia de hoy en general. Sin embargo, en esta época de juicio o desierto, la próxima generación está siendo formada en aflicción y conformada a la imagen de Cristo. Veamos como el Libro de Daniel vino a ser, visto a travéz de Jeremías 36. Daniel 1:1 es el cumplimiento de la palabra profética dicha por el profeta Jeremías. Los Profetas que son enviados al pueblo de Dios sufren más problemas que los Profetas que profetizan a Babilonia. Daniel tuvo una prueba, el foso de los leones. La resistencia de Daniel de no comprometer la palabra de Dios le dió la habilidad para pasar la prueba. Daniel guardó la Palabra de Dios y Dios manifestó Su poder. Esto abrió el camino para que las buenas nuevas del Reino de Dios llegara a cada persona en la tierra. Sin embargo, Jeremías siempre se está metiendo en problemas; prisión, cisternas llenas de desperdicio humano, todo tipo de problemas. A veces es más difícil tratar con el pueblo de Dios. Por favor, no me preguntes como lo sé.

Yo no era Cristiano. Yo vendía drogas y puedo honestamente decir que tuve menos problemas vendiendo drogas que ministrando en las iglesias. No digo esto para glorificar el pasado o golpear a la iglesia, sin embargo, de una u otra manera, me identifico con los diversos problemas que se adjuntan a la Verdad. Pablo dijo, *"¿Me he hecho, pues, vuestro enemigo, por deciros la verdad?"* (Gálatas 4:16). Pablo comprende las aflicciones de Jeremías. La religión puso 39 heridas en la espalda de Pablo cinco veces. La religión acepta la palabra escrita, pero rechaza la palabra "para ahora" de parte de Dios.

Jeremías 36 tiene una historia interesante. En este pasaje, Jeremías tiene una palabra profética para el Rey Joacim, el actual Rey de Judá. Después que sus hombres le leyeron la profecía, él la rechazó. El Rey Joacim rasgó el rollo con un cortaplumas de escriba y lo echó en el fuego, hasta que todo el rollo se consumió. Lo vergonzoso del asunto es que el liderazgo de Dios no tuvo ningún interés en la Palabra del Señor. Esto es muy común en la iglesia de hoy, pero estamos mejorando. Estoy viendo un hambre naciendo en el pueblo de Dios. Recientemente tuve una visión de una mujer muy bella, vestida de novia. Cuando abrió la boca, le estaban saliendo los dientes como a un niño pequeño. Los dientes le estaban rompiendo las encías. Es ese mismo instante, escuché la voz del Espíritu del Señor decirme, "a la novia le está entrando hambre." Hay un remanente que teme a Dios y tiembla a Su palabra; ellos, cuyos corazones anhelan que El Espíritu Santo los use para manifestar a Jesús a través de sus vidas, los que quieren que se les recuerde Sus palabras, y que no se averguenzan de Él.

No prestar atención a la palabra de Dios tiene ramificaciones drásticas. Joacim fue Rey de Judá, sin embargo, su nombre no aparece en el linaje de Jesús. *"Y si alguno quitare de las palabras del libro de esta profecía, Dios quitará su parte del libro de la vida, y de la santa ciudad y de las cosas que están escritas en este libro"* (Apocalipsis 22:19). Jesús, el Verbo lo sabe todo; Él sabía que el nombre de Joacim no estaría en Su linaje por no prestar atención. La iniquidad de Joacim no solamente lo afectó a él, sino a sus siervos y también a su semilla. También afectó al pueblo de Dios, los cuales no estaban de acuerdo con su decisión de rasgar la Palabra del Señor y lanzarla al fuego.

La palabra profética de Jeremías: *"Y dirás a Joacim rey de Judá: Así ha dicho Jehová: Tú quemaste este rollo, diciendo: ¿Por qué escribiste en él diciendo: De cierto vendrá el rey de Babilonia, y destruirá esta tierra, y hará que no queden en ella ni hombres ni animales? Por tanto, así ha dicho Jehová acerca de Joacim rey de Judá: No tendrá quien se siente sobre el trono de David; y su cuerpo será echado al calor del día y al hielo de la noche. Y castigaré su maldad en él, y en su descendencia y en sus siervos; y traeré sobre ellos, y sobre los moradores de Jerusalén y sobre los varones de Judá, todo el mal que les he anunciado y no escucharon"* (Jeremías 36:29-31).

Esta palabra profética fue declarada en el año 607 B.C., se

cumplió ese mismo año. Se cumplió en Daniel; *"En al año tercero del reinado de Joacim rey de Judá, vino Nabucodonosor rey de Babilonia a Jerusalén, y la sitió"* (Daniel 3:29). Con la entrega de Jerusalén y el pueblo de Dios, también fueron tomados parte de los utensilios de la casa de Dios a la tierra de Sinar a la casa de un dios falso. El pueblo de Dios y el tesoro (utensilios) de Dios van juntos, porque somos la perla por la cuál el Mercader fue y vendió todo lo que tenía y la compró. Jesús vino para buscarnos y salvarnos, a pesar de que nos encontró en las tinieblas y en la depravación de nuestro pecado. El pueblo de Dios es Su más grande inversión; por eso tenemos que tener Su palabra en la más alta estima. Sí Él nos tiene en tan gran estima, debemos de valorar Su palabra por sobre todas las cosas. Es crucial en este tiempo que entendamos Su Palabra, escuchemos Su voz y obedezcamos. La opresión del pueblo fue el juicio de Dios, porque no escuchaban ni obedecian Su palabra. Autoridad opresiva y abusiva es una de las maneras en las que Dios juzga a Su pueblo.

Lo que más me asusta es que el liderazgo de Judá rasgó el rollo y lo lanzó al fuego. Esto simboliza las heridas de nuestro Señor, y como Él fue lanzado a los paganos para ser clavado en la cruz. Él se convirtió en nuestro holocausto mientras que fue lanzado al fuego voluntariamente, por Su propia elección, para ser consumido en la ira de Dios a nuestro favor. *"Y él dijo: He aquí yo veo cuatro varones sueltos, que se pasean en medio del fuego sin sufrir ningún daño; y el aspecto del cuarto es semejante a hijo de los dioses"* (Daniel 3:25). El rey Joacim lanzó la Palabra del Señor al fuego, el rey de Babilonia lanzó al pueblo de Dios al fuego, y Jesús apareció en medio del fuego. Cuando Jesús apareció, el pueblo de Dios fue liberado. Lo que el enemigo hizo para mal, Dios lo volvió para bien para aquellos que lo amaron lo suficiente para no doblar sus rodillas a ídolos. Cuando tomamos el lado de Dios, Él hace acto de presencia. Cuando Jesús aparece en la escena el que está atado es liberado, lo cual representa al Evangelio en acción. El acto de fe de estos jóvenes los lanzó al horno de fuego, y en quién ellos habían puesto su confianza los liberó y protegió del mal. Muchos quieren ser protegidos del fuego, pero Jesús te protege en el fuego. Ellos no fueron guardados del fuego, más sí de las ramificaciones del mismo. La parte más fascinante es, que ellos no escucharon nada de parte del Señor antes o durante el fuego. La Ley de Dios estaba escrita en sus corazones y la guardaron sin importarles el precio. Ellos guardaron Su palabra y Él se manifestó como lo había prometido. *"El que tiene mis mandamientos, y los guarda, ése es el que me ama; y el que me ama, será amado por mi Padre, y yo le amaré, y me manifestaré a él"* (Juan 14:21). Por ellos guardar la ley, Jesús se manifestó y las leyes fueron cambiadas. Ver Daniel 3:29-4:3. Jesús se manifiesta y no dice una palabra en medio del fuego, no llama a nadie al altar, no hace la oración del pecador. Él es tan poderoso para salvar que no necesita hablar para cumplir Su voluntad; Su mera presencia es suficiente. Estoy completamente convencido que este hombre era Jesús. Se manifestó en forma humana para mostrar que la ira del hombre no puede hacerle daño; también que es fiel para liberar. Jesús es el Verbo; por lo tanto no necesita hablar para salvar. Solamente Él puede salvar al hombre del fuego y de la muerte. La muerte no tiene dominio sobre Él ni sus seguidores fieles que no aman sus vidas hasta la muerte. La revelación de Jesucristo es la razón por la cual los verdaderos creyentes viven. Joacim trató de deshacerse de las palabras de Jesús por medio del fuego, y entonces Jesús aparece en medio del fuego. Nabucodonosor obligó a los jovénes a inclinarse y él mismo terminó inclinandose al Dios del Cielo y escribiendo un decreto. *"Por lo tanto, decreto que todo pueblo, nación o lengua que dijere blasfemia contra el Dios de Sadrac, Mesac y Abed-nego, sea descuartizado, y su casa convertida en muladar; por cuanto no hay dios que pueda librar como éste"* (Daniel 3:29).

Por cuanto Joacim no quiso escuchar la Palabra del Señor, Dios usó a Nabucodonosor para decirle al mundo entero el testimonio de lo que Él hizo. Primero, Joacim rasga la Palabra del Señor y la lanza al fuego y después cualquiera que blasfeme contra la Palabra de Dios sería descuartizado y su casa convertida en muladar. Nabucodonosor los obligó a inclinarse, y fue él que se tuvo que inclinar al Dios creador de los cielos y la tierra. También la segunda vez que Jeremías escribió el rollo, la última parte del versículo dice, *"y aun fueron añadidas sobre ellas muchas otras palabras semejantes"* (Jeremías 36:32). Yo le llamo a esto la prosperidad de la Palabra; se lanza la Palabra del Señor al fuego, y aun así la Palabra es enviada al mundo entero y Babilonia paga por el manejo y envío. La Palabra del Señor prevaleció en tiempo y espacio, simplemente porque seis rodillas no se doblaron a un dios falso. El Señor usó a un pagano para difundir al mundo entero las buenas nuevas del Reino. La Palabra del Señor fue rasgada y lanzada al fuego, y después se estableció un decreto que si blasfemabas contra el Dios de esta Palabra, que es el único que puede librar, serías descuartizado y tu casa convertida en muladar.

Podemos estar en el grupo de los que no estiman la Palabra o en el grupo donde el Verbo se manifiesta y nos libera del mal personalmente. ¿Verdaderamente estimamos la Palabra del Señor o la arrojamos por nuestra desobediencia o un corazón endurecido? Su Palabra es verdad y la verdad nos hará libres. No debemos rechazar su intento de liberarnos. Él nos liberó para que fuésemos libres. Cada vez que Él abre Su boca para hablar, es para limpiarnos y liberarnos. Limpios para ser Su reflejo y libres para caminar con Él.

Capítulo 3
Experimentando La Palabra en La Tierra de Promesa

Somos liberados de Egipto para poseer la tierra que fluye leche y miel. El diseño de Dios era sacar a Su pueblo de Egipto y de la Casa de Esclavitud. Dios no solamente quiere a Su pueblo fuera de Egipto; Él quiere a Egipto fuera de Su pueblo. Su deseo era que Su Palabra fuera lámpara a sus pies y lumbrera a su camino. Aún los queria liberar de la sombra de Egipto. Significa que la nube o la sombra de su pasado no determinaría su futuro si ellos simplemente oían y obedecian. El deseo de Dios era que Su presencia y Su palabra definieran su futuro. Habia una columna de nube de día y una columna de fuego de noche. Ya ellos habian experimentado el poder de la sangre del Cordero aún antes de que Moisés escribiera la Ley. Israel ya estaba disfrutando y viviendo en la libertad que habian recibido por el poderoso brazo extendido de Jehová. Estaban familiarizados con la prosperidad que Egipto les habia dado. Vivian bajo los milagros de liberación y provisión y de ser literalmente guiados por la Presencia de Dios. Su líder era el hombre más humilde sobre la faz de la tierra. Todo esto era bueno pero Dios es el Dios de darnos más de lo que podemos pedir, pensar o imaginar. Dios les tenía mucho más que todo esto.

Antes de salir de Egipto, ellos vieron lo que la sangre podía hacer. La Sangre del Cordero muy pronto se convertirá en uno de los tópicos más importantes de la iglesia, porque los juicios de Dios están al doblar de la esquina. Experimentar la luz de la palabra de Dios es la única cura para la sombra de muerte de Egipto. Luz procede de la boca de Dios, tanto si es una orden o un consejo (Génesis 1:3). Es muy bueno ser dirigido por la presencia de Dios y experimentar el milagro de la liberación y provisión, pero Dios siempre tiene mucho más para Su pueblo. Antes de poseer la tierra prometida, el pueblo de Dios tuvo que pasar por las Aguas de Arrepentimiento, tuvieron que cruzar el Río Jordán. La salida de Egipto fue un símbolo profético del bautismo de arrepentimiento. Cruzar el Jordán es como el bautismo del Espíritu que nos empodera para el ministerio. Tenemos que ir a la Cruz, estar crucificados con Cristo antes de ser establecidos y ungidos para Su servicio. La Tierra de Promesa, o la persona de Jesús, es el destino de Dios para Su pueblo de Pacto. Hubieron algunas razones por las cuales Moisés no habitó la Tierra de Promesa, aunque él conoció a Dios en Gloria y Dios le habló cara a cara. Estamos propensos a hacer exactamente lo que Moisés hizo y de esa manera robarnos las intenciones más grandes que Dios tiene para nosotros. No estoy atacando a Moisés, Jesús lo escogió para estar en el Monte de Transfiguración y él fue un gran hombre de Dios. Simplemente, estoy aprendiendo de sus ejemplos como Pablo nos exhorta que hagamos. Tenemos que seguir el ejemplo de Jesús y usualmente no el del hombre, a pesar de lo que Dios hace.

Mientras Moisés recibía la Ley, el pueblo estaba haciendo un becerro de oro. Moisés se enoja, tira los Diez Mandamientos y se quiebran. Aquí hay un paralelo con la primera venida de Jesús, cuando Él viene quebrantado y herido, muriendo por nosotros, y después resucitando de los muertos. La segunda vez, la mano de Moisés escribe los Diez Mandamientos, los cuales son puestos en el Arca del Pacto o en la Presencia de Dios. Esto es verdad con la segunda venida de Jesús. Después de Su segunda venida, nosotros volveremos con Él a la presencia de nuestro Padre Dios.

Moisés tiró los Diez Mandamientos porque el pueblo estaba adorando al becerro de oro que su hermano les había ayudado a hacer. Dios les estaba entregando la Ley y ellos la estaban quebrantando. Moisés responde en enojo, y tira las tablas al pie del monte. Él estaba haciendo la misma cosa por la cuál se enojó con ellos, quebrantar la Ley. Jesús, el Verbo siempre es maltratado cuando no lídiamos con nuestros asuntos. Una persona que tiene asuntos no-resueltos generalmente responde a las circunstancias de una manera inapropiada, revelando por sus palabras y conducta que hay algo que está muy mal dentro de ellos. La Ley de Jehová es perfecta, que convierte el alma; la palabra es tirada en tierra cuando nuestra alma no está convertida. Jesús convierte nuestra alma cumpliendo la Ley que hemos quebrantado. El alma convertida del Antiguo Testamento es la mente renovada del Nuevo Testamento. La mente renovada simplemente oye a Dios y le obedece.

Nunca menosprecies la Palabra por la acción de otros, permite que la Palabra controle tus acciones y emociones. Nunca permitas que el enojo te domine, porque *"la ira del hombre no obra la justicia de Dios"* (Santiago 1:20). Este verso es muy visible y fácil de ver en la vida de Moisés. Jesús vino porque somos quebrantadores de la ley; antes de que la Ley fuese escrita o quebrantada, ya el Cordero había sido inmolado. A continuo repito el tema del Cordero inmolado porque Él se dió para que pudieramos experimentarlo y ser establecidos en Su más alto plan. Sus planes más altos son obtenidos mientras aprendemos movilidad hacia abajo. Movilidad hacia abajo es cuando nos humillamos para que Él nos exalte cuando fuere tiempo. Le servimos y Él nos trae a lugares de influencia. Moisés fue sacado del río y de Egipto, antes de él poder sacar al pueblo. Primero, Egipto tiene que ser removido de nosotros antes de nosotros poder sacar a alguien de Egipto. Muchos nuevos creyentes cometen el error de tratar de salvar a todas sus amistades, y en el proceso ellos terminan perdiendo su salvación. Tenemos que salir del mundo y entrar al Reino si verdaderamente vamos a llevar a otros a Jesús o traer a Jesús a otros. El desierto es un lugar de transición; en la transición Dios trata con nuestros asuntos sin resolver. Mientras más profunda la santificación a la que seamos sometidos, más puro será el reflejo de Jesús a los que están a nuestro alrededor. Cuando somos Su reflejo, los que no lo están buscando lo encontrarán en nosotros, eso es Cristianismo.

En Números 20 y Éxodo 17, vemos a Moisés golpeando la peña para sacar agua. La primera vez, en Éxodo 17:6, Moisés obedeció la voz de Dios, golpeó la peña y salió agua. La segunda vez, en Números 20, Moisés escoge hacerlo a su manera. Muchas veces lo que empieza en el espíritu termina en la carne. Moisés recibe instrucciones específicas en Números 20:7-11. El mandato de Dios es: *"habla a la peña a vista de ellos; y ella dará su agua, y les sacarás aguas de la peña, y darás de beber a la congregación y a sus bestias. Entonces alzó Moisés su mano y golpeó la peña con su vara dos veces; y salieron muchas aguas, y bebió la congregación, y sus bestias."* La primera vez Dios le dijo que golpeara la peña, la segunda vez que le hablara. Moisés desobedeció a Dios y la golpeó. Moisés estaba frustrado con el pueblo, por lo tanto, desobedeció a Dios. Muchas veces la frustración lleva a la desobediencia. Si no tratamos con los asuntos del pasado, de seguro que nos molestarán, también a los que estamos dirijiendo. El enojo y la respuesta negativa de Moisés hacia los demás le costó su mansión en Egipto y en la Tierra Prometida. Si no le permitimos a Jesús tratar con nuestros asuntos, moriremos pasando por alto lo que Dios ha prometido porque no hemos muerto a nosotros mismos.

Jesús dijo *"Si alguno tiene sed, venga a mí y beba."* El Apóstol Pablo escribió de esta roca de la cual todo Israel bebió en el desierto, y esa Roca era Cristo. *"Y todos bebieron la misma bebida espiritual; porque bebían de la roca espiritual que los seguía, y la roca era Cristo"* (1 Corintios 10:4). Jesús es el Único que nos da agua viva, que purifica y restaura nuestra alma y nos completa. Nuestra alma es restaurada mientras oimos la voz de Dios. Nos vamos sanando mientras aprendemos a percibir del punto de vista de Dios. Esto sucede mientras oimos Sus comentarios sobre todo lo que nos sucede. Obtenemos acceso a la mente de Cristo mientras que Él nos habla.

Moisés golpeando la roca dos veces es simbólico de cruficicar a Jesús de nuevo, Hebreos lo explica así: *"Porque es imposible que los que una vez fueron iluminados y gustaron del don celestial, y fueron hechos partícipes del Espíritu Santo, y asimismo gustaron de la buena palabra de Dios y los poderes del siglo venidero, y recayeron, sean otra vez renovados para arrepentimiento, crucificando de nuevo para sí mismos al Hijo de Dios y exponiéndole a vituperio"* (Hebreos 6:4-6). Ellos que cruficican a Jesús de nuevo traen vituperio sobre quién ya tomó nuestro vituperio. Esto es muy peligroso. Jesús sufre por las malas decisiones de las personas. Necesitamos entender que nuestras decisiones afectan a otros para bien o para mal. Jesús menospreció el oprobio y por el gozo puesto delante de Él sufrió la cruz. Esto sólo había que hacerlo una vez, de igual manera, Moisés sólo tenía que golpear la roca una vez.

Moisés no heredó la Tierra Prometida, pero estuvo presente cuando Dios hizo la promesa a Israel en Éxodo 3. Antes de la promesa, Dios sacó a Su pueblo de la aflicción de Egipto. Dios le declaró a Moisés que Él es el GRAN YO SOY. Aun antes de Dios hacer algo a travéz de Moisés, primero Dios se reveló a Moisés. Dios le gusta revelarse, razón por la cual la Palabra se hizo carne y habitó entre nosotros. Entonces, Dios se revela a Moisés en la zarza ardiente, y después le dice lo que va a hacer. Dios brevemente le describe a quién va a sacar y la condición del lugar dónde van. *"Y he dicho: Yo os sacaré de la aflicción de Egipto a la tierrra del cananeo, del heteo, del amorreo, del ferezeo, del heveo y del jebuseo, a una tierra que fluye leche y miel"* (Éxodo 3:17). Cuando Dios escuchó la murmuración del pueblo, se acordó de Su promesa a Abraham. Entonces Dios se le aparece a Moisés y lo comisiona para convertirse en la solución del problema del pueblo. La solución completa era la Tierra de Promesa o la Tierra Prometida. Para poder tomar posesión completa de esta tierra, de la manera que Dios queria, ellos tenian que ser liberados de Egipto. También tenían que obtener victoria sobre sus enemigos, los cuales habitaban la tierra que fue prometida a ellos. No obtendremos la promesa de Dios sin antes confrontar al enemigo. Moisés murió antes de entrar a la tierra de promesa aún cuando Dios le habia dicho: "Te sacaré de Egipto a una tierra que fluye leche y miel." Dios no es hombre para mentir o un falso profeta, la acción de Moisés de golpear la roca dos veces es la razón por la cuál Moisés no habitó la tierra que fluye leche y miel. Si cruficicamos a Jesús de nuevo, no heredaremos las promesas de Dios para nuestras vidas o el Reino de Dios en la vida venidera. El deseo de Dios era que Israel gustara de Su bondad. La operación del Espíritu Santo en Hebreos 6 es para que gustemos del regalo celestial que es el Espíritu Santo. Pablo dijo que "a todos se nos dio a beber de un mismo Espíritu." Dios quiere que gustemos de los poderes del mundo venidero, y también de la buena Palabra. Dios nos sirve una comida y después nos da a beber;

Él es mucho mejor de lo que pensamos. La buena Palabra de Dios es una persona, cuyo nombre es El Verbo de Dios. Cuando el Padre abre Su boca para hablar, quien sale es Jesús.

La Palabra de Dios trae tensión consigo misma. Por ejemplo, la Palabra es referida como agua limpiadora, pero también es como fuego y el fuego quema. El agua y el fuego ambos son agentes de purificación, según lo sucio que esté el objeto que necesita la limpieza. Durante este tiempo, la intención de Dios no era para que la Palabra trajera tensión pero bendición, debido a donde Israel había estado por los últimos 400 años. La leche de la Palabra era para nutrirlos en ella y en los caminos de Dios. Ellos tenian que olvidar todo lo que habian aprendido en opresión. La leche es lo que alimenta a un bebé en lo natural y también en lo espiritual. *"Desead como niños recién nacidos, la leche espiritual no adulterada, para que por ella crezcáis para salvación, si es que habéis gustado la benignidad del Señor"* (1 Pedro 2:2-3). Dios establece a Su pueblo en la leche no adulterada de la Palabra, la cual les permite gustar de Su benignidad. La Tierra Prometida estaba llena de la bondad de Dios, abundando en prosperidad. La manera más alta de prosperidad es la prosperidad en la Palabra. Pablo dijo: "Que séais llenos del conocimiento de su voluntad en toda sabiduría e inteligencia espiritual." Parte de las innumerables riquezas de Cristo es su Palabra. Dios anhelaba establecer a Su pueblo en la leche y miel de la Palabra. La revelación más fundamental de Dios es que Él es bueno. Su intención era de profundamente establecer esta revelación con Su pueblo escogido. Ellos no hubiesen sido escogidos si Dios no fuera bueno. El agua sustenta y limpia, y la miel es dulce. Después de la amargura en Egipto, Él queria revelarles Su bondad.

El Salmo 81 describe seis cosas que Dios hubiera hecho "si" Israel hubiese obedecido. Muchas veces limitamos lo que Dios quiere hacer en nuestra vida cuando no hacemos lo que ya Él nos ha dicho que hagamos. *"Les sustentaría Dios con lo mejor del trigo, y con miel de la peña les saciaría"*(Salmo 81:16). La intención de Dios es la de sobrenaturalmente sostener a Su pueblo mediante Su Palabra. Jesús dijo, "no sólo de pan vivirá el hombre, sino de toda palabra que sale de la boca de Dios." Vivimos por lo que procede de la boca de Dios; de la misma manera fe viene por el oír, no por haber oído. Cuando nuestro afecto está verdaderamente puesto en Dios, estamos atentos a Su voz y obedientes a Sus ordenes. Sólo Jesús satisface. Lo que es maravilloso de esa Roca, quien es Jesucristo, es que agua y miel fluyen de Ella misma. La Palabra de Dios limpia y satisface. El agua de la Palabra limpia, purifica y sostiene. Ella misma se sostiene y alimenta; de la misma manera que la Palabra vela sobre si misma para cumplirse. La leche pura y sin adulteración y la miel de la Palabra era lo que Dios tenía preparado para Su pueblo que habían salido de la esclavitud. Dios estaba llevando a Su pueblo al lugar de experimentar y gustar la Palabra en la tierra de promesa. La leche es la que nos prepara para digerir la carne de la Palabra; carne es para ellos que son maduros, que disciernen el bien del mal. Dios nos establece en la benignidad de quién es Él para que aprendamos a reconocer y discernir quién o qué es de Él o no.

La Verdad es una persona y un espíritu. Existe sólo una Verdad, su nombre es Jesús, quién envió Su Espíritu para morar en nosotros. Muchas personas tienen suficiente verdad en su declaración de fe para creer que no están engañados. La única manera que la verdad te hace libre es cuando conoces a Jesús. Una buena declaración no significa nada si el estilo de vida no está de acuerdo con ella. Conocer y estudiar la mentira es insensatez porque te llenas de mentira. Conocer la Verdad te ayudará a identificar las mentiras, y a manifestar luz en medio de las tinieblas.

"¡Cuán dulces son a mi paladar tus palabras! Más que miel a mi boca. De tus mandamientos he adquirido inteligencia; por tanto, he aborrecido todo camino de mentira" (Salmo 119:103-104). La dulzura de la bondad de Dios provoca al Salmista no sólo a identificar el camino de mentira pero a aborrecerlo. Entender la simplicidad que Dios es bueno es muy importante, especialmente en un mundo con tanta tragedia y dolor. La bondad de Dios es esencial para establecer a un creyente, porque cuando suceden cosas malas ellos no se ofenden con Dios. Si hemos experimentado la bondad de Dios en nuestras vidas, se hace bien difícil ofenderse con Dios aún en tiempos difíciles. Cuando explicamos lo que aún no entendemos, confundimos a los demás. Cuando sucede algo malo y no sabemos el porque, no debemos de buscar una razón de la nada. Debemos de parar y recordar que Dios es bueno, y seguir adelante hacia Sus promesas que son "sí y amén" en Cristo. Muchas personas tratan de explicar el pasado en vez de moverse hacia el futuro disfrutando el presente.

Cuando la experiencia de la Palabra de Dios se arraiga a nuestra realidad, amamos lo que Dios ama y odiamos lo que Dios odia. Esta es una de las maneras que el Padre nos conforma a la imagen de Cristo. Experimentamos Su Palabra y nos convertimos como Aquel que nos está hablando, así sentimos lo que Él siente y vemos lo que Él ve. Si prestamos atención hablaremos como Él habla e iremos donde Él va. Esto es el verdadero ministerio.

Capítulo 4
La Tensión que La Palabra Trae

El Verbo es una persona; se hizo carne y habitó entre nosotros. Existe una tensión que sólo Jesús trae. El día del Señor es grande y terrible a la misma vez. Esto es un ejemplo de cuando Jesús se manifiesta, existen dos diferentes realidades dependiendo en la relación que tenemos o no tenemos con Él. Existe una tensión que aún los atributos de Dios crean, por ejemplo, Él es un Dios de ira pero también es amor. Dios es radicalmente Misericordioso – tu no estarías leyendo y yo no estuviera escribiendo. Dios es también completamente Justo. Por lo tanto, Jesús fue castigado por nosotros si híbamos a ser restituídos a una relación con el Padre. Así que en medio de la ira y de la misericordia de Dios, el temor de Jehová se manifiesta en nuestras vidas causándonos a vivir en santidad. Esta tensión es la que nos motiva a temer al Señor y apartarnos del mal. Es la misma tensión que nos lleva a odiar el pecado pero a amar al pecador como Jesús lo amó. Esta hermosa tensión nos motiva a apartarnos del mal, pero a perseguir al pecador con las Buenas Nuevas del Evangelio.

Aquí hay un breve ejemplo de esta tensión en la persona de Jesús; la tensión se ve en uno de Sus nombres y lo que Él hará. La Escritura dice que Jesús es el *"Príncipe de Paz"* en Isaías 9:6. La misma Biblia dice, *"Jehová es varon de guerra"* en Éxodo 15:3. El Príncipe de Paz en justicia trae guerra. La justicia es causa de persecución como sucedió con Pablo y Pedro, y aún contigo y conmigo. En justicia el Príncipe de Paz hará guerra, parecido a *"El Dios de paz aplastará en breve a Satanás bajo vuestros pies"* (Romanos 16:20). La Palabra de Dios y la persona de Jesús son los tópicos más controversiales jamás vistos. El mismo Jesús vivió esta tensión en una manera perfecta, siendo completamente hombre y completamente Dios, mientras caminó esta tierra y aún cuando caminó sobre las aguas.

Esta tensión es vista en el libro de Apocalipsis, el ángel le deja saber a Juan antes de comer el librito, *"Y fui al ángel, diciéndole que me diese el librito. Y él me dijo: Toma, y cómelo; y te amargará el vientre, pero en tu boca será dulce como la miel. Entonces tomé el librito de la mano del ángel, y lo comí; y era dulce en mi boca como la miel, pero cuando lo hube comido, amargó mi vientre"* (Apocalipsis 10:9-10). Este es un encuentro muy interesante. El ángel está en pie sobre el mar y sobre la tierra cuando Juan se le acerca a tomar el librito, la voz le dice que coma, y Juan obedece. El ángel dijo: "te amargará el vientre, pero en tu boca será dulce como la miel." Para mí esto es profundo y muy interesante. Se convierte de dulce en amargo después que le baja al vientre. Es fascinante como ocurre este gran contraste tan rápido con la tensión del sabor.

La Palabra crea tanta tensión que es aún más hermosa. La tensión no es para crear confusión pero sumisión. Por ejemplo, por gracia somos salvos por medio de la fe pero la fe sin obras es muerta y no salva a nadie. Sin fe es imposible agradar a Dios. Sin oír de Dios nunca tendremos la fe para agradarle. Tener sucifiente fe para oír es lo que causa que la fe crezca para complacerlo mientras obedecemos lo que Él nos dice. No hacemos obras para demostrar nuestra fe, sin embargo, porque tenemos fe hacemos obras.

Cada vez que nos encontramos en circunstancias o tensiones que no entendemos, tenemos que convertirlas en adoración. Cuando hacemos esto, nuestras preguntas se convierten en total confianza. La confianza es fe que ha completamente madurado. Los discípulos tenian fe en medio de la tormenta para llamar a Jesús. Jesús tenía confianza en Su Padre que todo estaba bajo control. Que Dios produzca dominio propio en nosotros, mientras que somos renovados diariamente en el lavamiento del agua por Su Palabra. Dominio propio es simplemente una mente renovada que cree la palabra de Dios a pesar de lo que está viendo.

La tensión del propósito de Jesús en Su ministerio terrenal es claramente visto cuando tenemos la mente de Cristo. Es muy interesante ver a alguien vivir en esta perfecta tensión. Debemos de mirar a Jesús y percibir que todo lo que Él hizo nunca podrá ser mejorado. Si mantenemos nuestros ojos en Él, obtendremos un corazón fascinado y una mente renovada. Es gratis, pero nos costará todo. El agua de vida es gratuitamente ofrecida, pero cuando vez el costo de seguir el río, puedes perder algunos amigos que aman el desierto. Algunos le gusta el desierto más de lo necesario.

Mira estos dos versículos los cuales son absolutamente ciertos, pero muy diferentes. *"Porque el Hijo del Hombre vino a buscar y a salvar lo que se había perdido"* (Lucas 19:10). *"Porque he venido para poner en disensión al hombre contra su padre, a la hija contra su madre, y a la nuera contra su suegra"* (Mateo 10:35). Uno de estos versículos está en la tercera persona "Porque el Hijo del Hombre" y el otro en la primera persona "Porque he venido". Están escritos en diferente manera, pero trabajan juntos para cumplir la voluntad del Padre. Sólo Jesús puede cumplir estos dos objetivos perfectamente a la misma vez. Las oraciones de algunas personas no tienen sentido, tratan de atar a Jesús, que es una locura. La muerte y la tumba no puedieron aguantarlo. Algunas veces en oración algunos hablan "paz" a una guerra que el mismo Dios comenzó. Jesús dijo, "Yo soy la resurrección y la Vida." Sin embargo, entrega Su vida y es resucitado por el Espíritu Santo. En esta tensión, la sabiduría de Dios y Sus caminos son revelados. Esta revelación me lleva a adorarlo, mientras que otros quieren discutir. Algunos en el cuerpo de Cristo se sienten llamados a poner a todos en desacuerdo; algunos se sienten llamados a buscar y salvar a otros mientras que ellos mismos están perdidos. Esto trae división. Jesús no estuvo dividido sobre este tema, porque un reino dividido no puede permanecer. Su Reino no conoce fín y aún continúa incrementando y Él no cambia. Él hace todas las cosas nuevas sin embargo Él no cambia. La tensión de quién Él es y como Él trabaja está supuesto a producir una confianza radical, lo cual es adoración. Adoración es cuando podemos ver la belleza del León y del Cordero. Esta tensión quebranta nuestros corazones y es entonces cuando rendimos nuestra voluntad y somos como Cristo. Entonces, tal vez Dios se acerque a nosotros. En la comodidad de nuestros bancos de la iglesia discutimos sobre la Biblia mientras que todo el mundo va de cabeza al infierno. Mientras tanto, Jesús está tocando a la puerta, buscando a los perdidos que les gusta tener la iglesia sin Él. Ver Apocalipsis 3:19-20.

Ver a Jesús es la única cura para esta terrible infección. Parece que la iglesia fue por una vacuna de religión y fue infectada por ella. Sin embargo, el Doctor Jesús volverá con una espada aguda en su boca y ungüento para los ojos; tenemos que escoger la espada de Su juicio o la misericordia del ungüento para que nuestros ojos vuelvan a ver. Jesús es la única cura y el Sanador que puede hacer algo, pero tenemos que darle entrada en la iglesia otra vez.

Capítulo 5

Vemos a Jesús

Cuando lleguemos al cielo y veamos a Jesús todo cambiará. Pregúntale a Daniel, Ezequiel, Elías, Isaías y a Juan el Revelador. *"Pero vemos a aquel que fue hecho un poco menor que los ángeles, a Jesús, coronado de gloria y de honra, a causa del padecimiento de la muerte, para que por la gracia de Dios gustase la muerte por todos"* (Hebreos 2:9). Ver a Jesús es el denominador común de la gran nube de testigos cuando lo ven sufriendo la muerte en la cruz. Pero también lo ven coronado con gloria y honor. Ambos son aspectos muy importantes y diferentes de quién Jesús realmente es. Un Salvador que sufre, bebe la copa de la muerte y resucita, y un Rey que reina coronado de gloria y honor. Estoy seguro que estás viendo la tensión nuevamente. Ver a Jesús por quién realmente es, nos produce un cambio genuino, esta es la voluntad de Dios. Juan nos explica que ver a Jesús es la única manera de que cambiemos. *"Amados, ahora somos hijos de Dios, y aún no se ha manifestado lo que hemos de ser; pero sabemos que cuando él se manifieste, seremos semejantes a él, porque le veremos tal como él es"* (1 Juan 3:2). Te conviertes en lo que contemplas. Si contemplas imagénes perversas, te convertirás en un perverso. Sin embargo, si contemplas al Cordero, como Pablo dijo: estarás contado como oveja al matadero.

Ver a Jesús te cambiará radicalmente para siempre. La parte importante no es verlo con los ojos físicos, pero con los ojos del corazón. Jesús dijo: "Bienaventurados los que no vieron y creyeron."

Los ojos físicos no son los ingredientes más importantes para ver a Jesús. Como los Fariseos que sólo usaban sus ojos naturales y aún no podian verlo. El clamor de dos ciegos fue oído mientras rogaban misericordia al Hijo de David. *"Pasando Jesús de allí, le siguieron dos ciegos; dando voces y diciendo: ¡Ten misericordia de nosotros, Hijo de David!"* (Mateo 9:27). Lo maravilloso es la profundidad de revelación contenido en este corto versículo. Primero, vemos que es posible seguir a Jesús a ciegas, fíjate en la iglesia moderna, la mayoria lo hace. Entonces, vemos que estos hombres no tienen temor de clamar y admitir su ceguera, muchos de los seguidores de Jesús necesitan clamar, reconocer su ceguera y conseguir la atención de Jesús. Jesús no estaba prestándoles atención, pero ellos en medio de su ceguera clamaron para ser sanados. En este versículo también vemos que si necesitamos sanidad debemos clamar a Jesús *"en la versión King James"*, entonces vendrá nuestra sanidad, ha, ha. Ahora en una nota más seria, estos hombres por medio de su necesidad y ceguera reconocieron que Jesús era el cumplimiento de la profecía. Ellos sabian que Jesús era el Hijo de David, aunque nunca habian leído el rollo con sus propios ojos. Sin embargo, su desesperación y necesidad de misericordia les permitió por la gracia de Dios ver a Jesús. ¡Los que se ganaban la vida leyendo y enseñando el rollo no podian ver a Jesús! Estos ciegos no pidieron sanidad, ellos pidieron misericordia, y Jesús tocó sus ojos y restauró su vista. ¡Que emoción! Al primero que vieron fue al Cordero inmaculado que tenía el poder de perdonar pecados y sanar su condición de salud. La enfermedad es el estado de salud del pecado. Antes del pecado entrar al mundo no habia enfermedad. La vista del pecado es la ceguera. El estado de salud de la religión es ceguera, sordera, mudez y cojera. La cruz sana todo lo antedicho.

Estos ciegos tenían una profunda revelación de la Biblia, pero nunca la habian leído. David dijo "ciertamente el bien y la misericordia me seguiran." Jesús, el Salvador y el Hijo de David dijo "Y estas señales seguirán a los que creen." Los atributos de Dios que manifiestan milagros auténticos, o el carácter de prodigios y señales verídicos son el bien y la misericordia. A travéz de la misericordia de Dios estos ciegos recibieron su sanidad. Mientras unidos miramos fijamente a Jesús en las Escrituras, lo veremos de diferentes maneras. Estas imágenes de Jesús nos traeran a la tensión de quien Él realmente es. Veremos a un León y a un Cordero, un trono y una cruz. Veremos al Jesús que voltea las mesas, y El que llora sobre Jerusalén, la ciudad en la que volteó las mesas. Lo más importante es ver y oír a Jesús. Este es el principio del éxito en los ojos de nuestro Padre y Dios. Para el Padre el éxito sólo se parece a Jesús. Los que son verdaderamente exitosos o prósperos ven, oyen, tocan, huelen y gustan a Jesús. La verdadera prosperidad es ser llenos con el Espíritu de Dios y derramarlo a los que están a nuestro alrededor. Esto nos lleva al ministerio auténtico, el ministerio de hacer lo que Dios dice. Hacer lo que Dios dice es el Cristianismo verdadero. Las Escrituras tienen muchas ilustraciones de Jesús; compartiremos algunas. Ya hemos visto este versículo pero es uno de mis favoritos.

> *"Y él dijo: He aquí yo veo cuatro varones sueltos, que se pasean en medio del fuego sin sufrir ningún daño; y el aspecto del cuarto es semejante a hijo de los dioses"* (Daniel 3:25).

Una devoción sin compromisos provocó a Jesús a mostrarse a favor de los tres jóvenes. Este pasaje es interpretado de diferentes maneras por las personas, cuando mi pastor lee este versículo él ve al pueblo de Dios libre dentro del fuego. Jesús ama a las ovejas, por lo tanto Él está pendiente de lo que le sucede a Su pueblo. Ellos fueron lanzados al fuego atados, entonces Jesús aparece y los libera dentro del fuego. Yo lo veo de esta manera: Jesús no tiene ni que hablar para liberarlos de sus ataduras; y no sólo eso, Él ni tiene que hablar en medio del fuego para liberarlos. Aún el olor del fuego está sujeto a Jesús. También pienso que esta oportunidad era perfecta para un llamado al altar, pero de acuerdo a la Escritura Jesús permaneció en silencio. Esto cautiva mi corazón una y otra vez. Me he reído y llorado a la misma vez pensando en este pasaje. Me encanta cuando el Espíritu Santo toma control y nos reímos y lloramos a la misma vez y no hay confusión, sino paz y gozo.

Ahora vemos a Jesús nuevamente, recuerda que Él estaba en medio del fuego. Ahora lo vemos en el agua. Recuerda Él estuvo en silencio en el fuego.

"Y entrando Él en la barca, sus discípulos le siguieron. Y he aquí que se levantó en el mar una tempestad tan grande que las olas cubrían la barca; pero Él dormía. Y vinieron sus discípulos y le despertaron, diciendo: ¡Señor, sálvanos, que perecemos! Él les dijo: ¿Porqué teméis, hombres de poca fe? Entonces, levantándose, reprendió a los vientos y al mar; y se hizo grande bonanza" (Mateo 8:23-26).

Mas le vale a la tormenta someterse cuando Jesús le habló. Pero esto no era lo que Jesús buscaba de los discípulos. Mientras nos enfocamos en Jesús, lo vemos durmiendo en medio de la tormenta a la que Él los llevó. De la misma manera Jesús llevó al horno a los tres jóvenes que guardaron Sus mandamientos y no doblaron sus rodillas ante otros dioses. Es muy interesante encontrar a Jesús durmiendo en la tormenta. Unos cuantos versículos antes, Jesús declaró que el Hijo del Hombre no tenía donde recostar su cabeza, y en la próxima escena lo vemos durmiendo. Jesús es completamente hombre, por lo tanto, tiene que dormir, pero también es completamente Dios, por lo tanto, puede dormir en la tormenta. Si esto fuera una película seria muy divertida menos para los que están en la barca con Jesús. Muchos se ríen de lejos, pero algunos necesitan entrar en la barca con Jesús, en vez de criticar de la orilla. Jesús no hubiera reprendido a los discípulos por su falta de fe si Él no les hubiera dado suficiente fe para reprender la tormenta. Ya ellos tenían la fe, porque la fe viene por el oír y el oír de la Palabra, y ellos habian estado oyendo la Palabra y viendo milagros Fe viene por el oír pero debe permanecer en el poder de Dios. Los discípulos están con el poder de Dios, y es claro que tienen lo tienen, pero se olvidan del poder en medio de la tormenta. Muchas veces durante las pruebas olvidamos que hemos sido equipados para enfrentarlas apropriadamente, porque la gracia se manifiesta en tiempo de necesidad. En Lucas, los discípulos le hacen una pregunta a Jesús que revela lo que ellos creen sobre lo que está disponible a ellos. Mira esto, *"Viendo esto sus discípulos Jacobo y Juan, dijeron: Señor, ¿Quieres que mandemos que descienda fuego del cielo, como hizo Elías, y los consuma?"* (Lucas 9:54). Ellos no le están pidiendo a Jesús que él llame fuego del cielo, ellos le están preguntando si Él quiere que ellos lo hagan. Entonces pueden traer el cielo a la tierra pero no pueden calmar la tormenta. Jesús los reprende, *"Entonces volviéndose Él, los reprendió, diciendo: Vosotros no sabéis de qué espíritu sois; porque el Hijo del Hombre no ha venido para perder las almas de los hombres, sino para salvarlas. Y se fueron a otra aldea"* (Lucas 9:55-56). Fíjate como los discípulos tomaron la Escritura fuera de contexto.

A veces es difícil ver a Jesús cuando sus Palabras no están incluidas en algunas versiones de Biblias. Las Palabras que Jesús habló no deben estar en la parte de abajo de la página. Si lees la Versión Internacional verás que hay escritura que falta. Fue un látigo Romano que arrancó carne de la espalda de Jesús y entonces escolares Romanos han tomado palabras de las páginas del libro de vida que llamamos "La Biblia." Las palabras de Jesús son espíritu y vida, ninguna debe faltar especialmente cuando Jesús está reprendiendo a los discípulos por actuar de la manera que los humanos están propensos a hacerlo. Ellos querian que fuego descendiera sobre otros; esto es un odre viejo. No estoy seguro si ellos estaban al tanto con lo que Jesús estaba haciendo, pero tenían una escritura como referencia para discutir su causa con Jesús. Sin embargo, estaban ciegos y sordos a lo que el Padre estaba haciendo, por lo tanto, emplearon mal la escritura. Esto ocurre todo el tiempo. La escritura es mal empleada para justificar el mal comportamiento de muchos. Debemos ver con la rapidez que Jesús reprendió a los discípulos, porque un odre viejo puede ser otro espíritu. Tenemos que estar al día con Dios.

Veamos a Jesús un poco más, con respecto a la barca y el mar. Jesús está orando y vé a los discípulos en peligro en la barca, entonces camina hacia ellos sobre el mar. Lo veremos del punto de vista de Mateo y Marcos, existe tanto sobre esta historia real que puede cautivar y fascinar el corazón humano. Esto se encuentra en Mateo 14:22-33 y Marcos 6:45-52, tenemos que poner nuestros ojos en Jesús y enfocarnos muy cuidadosamente en lo que Él dice y hace. En los tiempos que vivimos es crucial mantener nuestros ojos en Jesús, esto guardará nuestros corazones de enfriarse. Los discípulos están en la barca sin Jesús, ellos ven a alguién caminando sobre el mar y se turban. Algunos de estos hombres eran pescadores, y no era algo común ver a alguien caminando sobre el mar. Cuando Jesús está haciendo algo genuino, Él identificará lo que está haciendo por Su voz. Jesús dijo, "Mis ovejas oyen mi voz, y yo las conozco, y me siguen." Pedro terminó siguiendo la voz de Jesús y caminó sobre las aguas. Vemos a Jesús anhelando estar cerca de nosotros. Cuando Él dijo, "ven", los doce discípulos podian haber caminado hacia Jesús pero sólo Pedro lo hizo, estaba hambriento de Jesús. Jesús no dijo, "Pedro, ven", Él dijo, "ven". Jesús le habló a doce hombres, pero solamente uno lo escuchó. Un hombre oyó y obedeció y tuvo un testimonio, mientras que once simplemente tuvieron una historia. ¿Quiénes seremos, el hombre con un testimonio o el pueblo con una historia? Cuando Pedro puso sus ojos sobre la tormenta, tuvo temor y comenzó a hundirse, pero inmediatamente Jesús lo tomó y lo levantó. Ellos que se lanzan a lo sobrenatural tienen la posibilidad de hundirse, pero Jesús inmediatamente toma Su mano y nos salva como salvó a Pedro, Él no hace acepción de personas. Los que quedaron en la barca nunca experimentaron caminar sobre las aguas. Los que están en "la barca de la religión", sin Jesús, siempre critican a los que salen de la barca en la cual no está Jesús. Prefiero hundirme tratando de caminar sobre las aguas, en vez de morirme en la tormenta criticando a alguien que empezó a caminar sobre las aguas. La barca sin Jesús representa a la religión, y Pedro caminando sobre las aguas muestra el peligro de caminar en lo sobrenatural y la gracia salvadora del Señor. La pregunta es, ¿a quién salvó primero Jesús? ¿A quién Jesús tocó primero, a Pedro o a la barca llena de incrédulos? Buena respuesta, a Pedro. Pedro se convirtió en parte de la solución para los qué estaban en la barca hundiéndose. Simplemente, caminar con Jesús nos hace parte de la solución. *"Y cuando ellos subieron en la barca, se calmó el viento"* (Mateo 14:32). *"Y subió a ellos en la barca, y se calmó el viento; y ellos se asombraron en gran manera, y se maravillaban"* (Marcos 6:51).

En un evento Jesús está durmiendo en la tormenta. En el otro evento ni aún le habla a la tormenta, simplemente sube a la barca y la tormenta cesa. No podemos poner a Jesús en una caja en nuestras cabezas. No puedes hacer métodos religiosos pensando qué sabes lo qué Jesús va a hacer, con Él nunca se sabe. Es glorioso servir a un Dios qué está lleno de misterios, pero a la misma vez lo sabe todo.

Jesús no sólo asió a Pedro, Él también alcanzó a Sus discípulos que estaban turbados viendo algo que nunca habian visto antes. Cuando Dios está haciendo algo que no hemos visto antes, se puede identificar por Su voz. Jesús no quería que los discípulos estuvieran turbados o engañados, por lo tanto, inmediatamente Jesús identificó lo que ellos vieron por Su voz y el hará lo mismo por nosotros. El evangelio de Marcos nos enseña este punto muy bien; *"Y viéndoles remar con gran fatiga, porque el viento les era contrario, cerca de la cuarta vigilia de la noche vino a ellos andando sobre el mar, y quería adelantárseles. Viéndole ellos andar sobre el mar, pensaron que era un fantasma, y gritaron; porque todos le veían, y se turbaron. Pero enseguida habló con ellos, y les dijo: ¡Tened ánimo; Yo soy, no temáis!* (Marcos 6:48-50). Inmediatamente Él les respondió, esto revela su bondad infinita a un corazón sincero.

La Escritura dice, "Todos le veían y se turbaron." A veces cuando vemos a Jesús nos turbamos. David lo dijo de esta manera, *"Me acordaba de Dios, y me conmovía"* (Salmo 77:3a). Más adelante, la escritura habla de la condición de sus corazones "por cuanto estaban endurecidos sus corazones." La palabra 'endurecido' significa una clase de piedra, petrificado, encallecido, ciego o volverse estúpido. Esto describe el corazón que no ve a Jesús o que no considera los milagros que Él ha hecho. Todos los milagros que ellos habían visto debían de haber ayudado a ablandar sus corazones, tan siquiera un poquito. No se acordaban que Jesús alimentó sobrenaturalmente a 5,000 personas a través de su obediencia y fe.

Ver y escuchar a Jesús tiene que ser nuestra mayor prioridad. Jesús guarda silencio en el fuego, camina sobre el mar, duerme en la tormenta y cuando habla paz a la tormenta se hace bonanza. Nunca podría explicar cuan maravilloso es Jesús.

Compartiremos más sobre Jesús en otro capítulo. Es maravilloso enfocarse en Jesús, estar quietos y conocer que Él es Dios. Él es completamente bueno, y Sus planes para nosotros son mejores que ningún plan que pudieramos inventar. Sus planes son buenos aún cuando las cosas no van muy bien. A veces ver a Jesús nos puede turbar, y seguir a Jesús nos puede meter en problemas. Sin embargo, Él nunca nos llevará a algo y dejarnos solos sin ver el resultado final. Jesús nos ve. La pregunta es ¿lo vemos nosotros? ¿Tenemos corazones puros o endurecidos? El corazón puro ve a Dios. Los corazones apasionados ven a Jesús y quién Él es realmente. Un corazón puro recuerda el sacrificio de Jesús en la cruz dos mil años atrás, y lo que Él hizo la semana pasada en nuestra vida y con nuestra familia. El corazón puro perdona las ofensas o no permanecerá puro por mucho tiempo. El perdón es uno de los idiomas que Dios habla. Dios lo manifestó en el Calvario mientras que Jesús oraba desde la cruz, "Padre perdónalos." El corazón puro es tierno, perdona las ofensas y a la misma vez recuerda lo que Dios a hecho. Si hacemos esto y prestamos atención a lo que Él está diciendo viviremos una vida poderosa en la plenitud del Espíritu.

Capítulo 6
La Palabra de Su Poder

Hemos visto algunas cosas muy interesantes sobre Jesús. Hemos aprendido que no necesita ni hablar para que ocurra algo. Aprendimos que cuando Él habla se hace gran bonanza. La Palabra de Su poder es increíble y el hombre natural no puede percibirla. Gracias a Dios por la mente de Cristo. Jesús pagó con una corona de espinas para que tengamos la mente de Cristo. Necesitamos la mente de Cristo para comenzar a entender los asuntos concernientes a la manifestación de la Palabra de Su poder.

> "..en estos postreros días nos ha hablado por el Hijo, a quien constituyó heredero de todo, y por quien asimismo hizo el universo; el cual siendo el resplandor de su gloria, y la imagen misma de su sustancia, y quien sustenta todas las cosas con la palabra de su poder, habiendo efectuado la purificación de nuestros pecados por medio de sí mismo, se sentó a la diestra de la Majestad en las alturas ..." (Hebreos 1:2-3).

El Padre habla a través del Hijo. El Padre abre Su boca y Jesús sale. Jesús es la luz visible que muestra la gloria del invisible Dios, que es nuestro Padre. Por medio del Hijo entramos en una relación con el Padre, y ya no somos huérfanos. Hemos recibido el Espíritu de Adopción, por el cual clamamos "Abba Padre." Jesús es el perfecto reflejo de nuestro Padre. Jesús dijo, "El que me ha visto a mí, ha visto al Padre." Esta verdad motiva al escritor de los Hebreos decir que Jesús es "el resplandor de su gloria y la imagen misma de su sustancia." El Padre no sólo creó todas las cosas por medio de Jesús, pero también sustenta todas las cosas con la Palabra de Su poder. Él es el creador y el que sustenta todas las cosas. Mientras que estuvo en la tumba por tres días, el orden creativo del universo quedó exactamente donde Él lo dejó. La tierra y el mundo no podían hacer lo contrario de lo que Jesús les ordenó cuando fueron creados, y los puso donde Él quiso. El dominio de Jesús aumentaba aún cuando la sangre corría de Su cuerpo en la cruz. Mientras que Jesús estaba siendo destrozado por un látigo con nueve correas de cuerda anudada, Su Palabra sostuvo todas las cosas.

Es asombroso como el poder de Su Palabra se manifiesta y se ve en diferentes maneras. La Palabra tiene poder para crear y sostener. Tiene poder para crear algo de la nada. Hay sanidad en la Palabra hablada. La fe viene por el oír de la Palabra. La Palabra discierne los pensamientos y las intenciones del corazón. La Palabra juzga lo que hacemos y porque lo hacemos. La Palabra de Dios creó los cielos. La Palabra es como un martillo, porque te quiebra. La Palabra es como fuego, porque te consumirá. El agua de la Palabra nos limpia. La Palabra es lámpara a nuestros pies y lumbrera a nuestro camino. Piensa en esto, es como decir que el agua es como la botella de plástico y el agua que contiene. El brillo de la luz viene de la lámpara. La Palabra de Jesús es el lugar de donde brilla la luz, Él es la luz y estamos en Él. El que mora en nosotros nos guía.

El Señor guarda Su palabra: *"Y me dijo Jehová: Bien has visto; porque yo apresuro mi palabra para ponerla por obra"* (Jeremías 1:12). En el versículo anterior, el Señor probó la visión de Jeremías y le preguntó lo que veía, así la Palabra del Señor lo probó. El Señor estaba motivado para apresurar, guardar, vigilar, y desverlarse para poner Su Palabra por obra. La Palabra de Dios es viva y eficaz. Puede guardarse por sí misma. Simultáneamente la Palabra que nos prueba también nos prepara para cumplirse en nuestras vidas, mientras que se guarda a sí misma y sostiene todas las cosas.

Vemos este principio en acción con José. José recibió una palabra de Dios en un sueño, y esa palabra tuvo una temporada. Salmo 105:17 nos habla de José, y Salmo 105:19 nos dice lo que es necesario para ver y oír. *"Hasta la hora que se cumplió su palabra, el dicho de Jehová le probó."* La Palabra nos prueba y prepara, y en su momento se cumple. La Palabra es viva y tiene la habilidad de guardarse por sí misma y sacarnos el "yo", todo a la misma vez.

El poder de Su palabra es manifestado cuando Jesús envía la palabra y el siervo del centurión es sanado. Esta anécdota se encuentra en Mateo 8:5-10. La Palabra sana, fortalece y aún resucita. Lázaro había muerto hacia cuatro días. Jesús en alta voz dijo "Lázaro sal fuera." Tuvo que decir "*Lázaro* sal fuera" o todo el cementerio sale de las tumbas. Recuerda, Jesús es la resurrección y la vida y cuando habla sucede exactamente como Él dice.

El poder de Su palabra toca y puede completamente poseer el alma del hombre. La Palabra de Dios debe controlar como nos sentimos si tenemos la suficiente madurez en Él. Cuando la Palabra del Señor nos controla, podemos por experiencia decir "amén" a lo que Jeremías experimentó. "Tus testimonios son el gozo de mi corazón." Esto es Jeremías diciendo que la Palabra de Dios es el termostato de su corazón. Si Jesús es verdaderamente el Señor de nuestra vida entonces lo que Dios dice es lo que debe controlar nuestros sentimientos. La esposa de Ezequiel habia muerto y esto es lo que Dios le dice. *"Hijo de hombre, he aquí que yo te quito de golpe el deleite de tus ojos; no endeches, ni llores, ni corran tus lágrimas. Reprime el suspirar, no hagas luto de mortuorios; ata tu turbante sobre ti, y pon tus zapatos en tus pies, y no te cubras con rebozo, ni comas pan de enlutados. Hablé al pueblo por la mañana, y a la tarde murió mi mujer; y a la mañana hice como me fue mandado"* (Ezequiel 24:16-18). Esto es un gran retrato de un hombre poseído por la Palabra de Dios aún cuando es incómodo. Ezequiel amaba a Dios por encima de sus emociones. Esto es un retrato perfecto del "primer amor." Si Ezequiel llora está en desobediencia. Sin embargo, no lo hizo porque la Palabra estaba en su corazón y lo guardó de pecar. Las palabras del Salmista aplican perfectamente a Ezequiel. "En mi corazón he guardado tus dichos, para no pecar contra ti." En Mateo 4, Jesús declara la palabra que Él mismo le dió a Moisés en Deuteronomio 6 a Satanás y el enemigo huyó. Sumisión a Dios y a Su Palabra causa que el enemigo huya.

La Palabra de Dios no sólo nos guarda del mal, pero nos separa y consagra en santidad. Jesús dijo, *"Santifícalos en tu verdad; tu palabra es verdad"* (Juan 17:17). Antes de la crucifixión Jesús pensó como separarte solamente para Él. Escuchamos más sobre el programa "American Idol" (Idolo Americano) en la iglesia que sobre la santificación. La santificación estuvo en la mente de Jesús y debería estar en la nuestra si tenemos Su mente. Cuando somos guiados por el Espíritu Santo, somos santificados para Su placer. La iglesia está acostada con el mundo, pero Dios está diciendo "Sal de ella." El Espíritu Santo nos recuerda lo que dijo Jesús mientras nos dirige directa y continuamente hacia Su presencia. Es Su voz que nos guia hacia Él. Un gran retrato de esta verdad es Pedro caminando sobre las aguas hacia Jesús. Jesús le dijo, "ven", y Pedro se acercó más a Él. Su voz nos atrae hacia Él. La palabra "rhema" acercó a Pedro a un encuentro con el "Logos" llamado Jesús.

El Espíritu Santo nos guiará a cumplir lo qué Jesús está orando y declarando; esto es la perfecta voluntad de Dios o el llamado divino que está en Cristo Jesús. Jesús ora la voluntad del Padre y el Espíritu guía a los hijos en el peregrinaje de complacer al Padre. Esto es la voluntad del Padre. El Espíritu de Dios nos acelera por medio de la Palabra que procede de la boca del Padre, llamada Jesús. Cuando Jesús habla, sus palabras están sasonadas con gracia que nos da la habilidad para que cumplamos y obedezcamos lo que Él nos ha ordenado. Dios nos da la gracia para que caminemos en la verdad. Gracia es favor inmerecido. Misericordia es no recibir lo que merecemos; gracia es recibir lo que no merecemos. Misericordia nos levanta cuando nos caemos, la gracia nos permite pararnos. Jesús vino lleno de gracia y de verdad. Cuando Él habla sobre sus atributos, sus atributos son impartidos a nosotros. Cuando Jesús nos habla Él se está formando en nosotros.

Capítulo 7
Las Capas y el Tiempo de La Palabra

La Palabra es una persona; Jeremías lo llamaba, "la Palabra de Jehová." Muchas vec es Jeremías dijo, "Vino a mí palabra de Jehová." Jesús se reveló a Juan como el "Verbo de Dios." La Palabra de Dios es más profunda y relevante a nuestro diario vivir de lo que pensamos. Es un gran privilegio tener las Sagradas Escrituras. El Verbo de Dios, que es una persona, bajó de Su trono y murió en una cruz por nosotros. Tenemos la Palabra muriendo en el madero. Es muy interesante que Sus palabras estén en un árbol muerto para nosotros leer. El papel es un árbol muerto, pero se vivica cuando la Palabra de Dios está escrita sobre él. No tengo palabras para expresar mi gratitud por los innumerables hombres y mujeres que fueron martirizados y quemados en una estaca para que tuviéramos las palabras de un Dios inagotable e infalible. No existe otro libro como la Biblia porque es totalmente verídico.

Hemos aprendido que Jesús quien es la Palabra de Dios se le presentó a Elías; sabemos que la Palabra es una persona. El libro de Apocalipsis describe a Jesús de muchas maneras, pero quiero que fijemos nuestros ojos en algo específico. "Cuando le ví, caí como muerto a sus pies. Y Él puso su diestra sobre mí, diciéndome: No temas; Yo soy el primero y el último; y el que vivo, y estuve muerto; mas he aquí que vivo por los siglos de los siglos, amén. Y tengo las llaves de la muerte y del Hades. Escribe las cosas que has visto, y las que son, y las que han de ser después de estas" (Apocalipsis 1:17-19). Juan se está convirtiendo en "Juan el Revelador" mientras cae a los pies de Jesús. Juan no está viendo los pies traspasados ni sangrando de Jesús sino pies de bronce bruñido. Entonces Jesús comienza a hablarle. Jesús comparte algo personal sobre Su existencia eterna. "Yo soy el primero y el último y el que vivo, y estuve muerto, mas he aquí que vivo por los siglos de los siglos." En Apocalipsis 1:8, vemos algo similar: "Yo soy el Alfa y la Omega, principio y fin, dice el Señor, el que es y que era y que ha de venir, el Todopoderoso." Este es el Verbo, Jesús el Alfa y la Omega. Jesús se está revelando a Juan de una manera que él nunca lo ha visto antes; en un lugar en el que Él nunca ha estado y usando un nombre por el cual Él nunca se ha referido a Sí mismo. Hay tres tiempos para Jesús. El que era, el que es y el que ha de venir. "Yo soy el primero y el último y el que vivo, y estuve muerto, mas he aquí que vivo por los siglos de los siglos." Este es el Verbo, y si vamos a entender las palabras que Él habla tenemos que conocer al Jesús que era y al Jesús que es y al Jesús que a de venir. Una buena teología no solamente limita a Jesús a Su ministerio terrenal, aunque Jesús constantemente traía el cielo a la tierra. Una teología sólida es conocer al Jesús que era, al Jesús quien al principio creó al mundo y al Jesús quien es el principio. Es prioridad conocer al Jesús que estaba muerto pero ahora vive, al Jesús crucificado y resucitado, al que abre la Escritura y causa que los corazones de los hombres ardan dentro de ellos. Tenemos que conocer al Jesús con fuego en Sus ojos y una espada aguda en Su boca. Al Cristo que la muerte no pudo contenerlo; al Jesús que vendrá en un caballo blanco para hacer guerra en la tierra; al Jesús que se levanta con sanidad en Sus alas; al Jesús que se identifica con el más pequeño de todos, al Jesús cuya vestidura está teñida con sangre, cuyo nombre es el "Verbo de Dios." Conocer al Jesús quien era y quien es y quien ha de venir es teología sólida. No es suficiente conocer al Jesús de los cuatro Evangelios, porque si así fuera, Él no se hubiera revelado a Juan el Revelador de la manera que lo hizo en el libro de Apocalipsis. Esto nos causará temblar a Su palabra, entonces Él vendrá a morar en nosotros y verdaderamente seremos Su fragancia en la tierra. Esta revelación de Jesús volverá a traer el temor del Señor a la iglesia. Su Palabra tiene que morar en nosotros si Jesús va a tener la preeminencia en nuestras vidas.

La revelación que el Verbo es una persona es necesaria para la intimidad con Dios. Así como la obediencia radical a lo que Él ha revelado en Su palabra y lo que nos dice a diario por medio de Su Espíritu. Cuando Él habla y revela Su palabra, es necesario saber que Su palabra tiene exactitud. En el mundo occidental hacemos planes para encontrarnos con alguien. Bueno, así es con la Palabra de Dios. Tiene un tiempo y una temporada cuando se manifestará. Es muy difícil comenzar a entender el tiempo de la Palabra del Señor sin conocer al Verbo y permitirle que viva en y se manifieste a través de nosotros.

La Palabra toca nuestra fe y entonces concebimos la semilla de la Palabra misma que mora en nosotros. Cristo en nosotros es la única manera para poder completamente entender la exactitud o el tiempo de la Palabra. Este entendimiento se desarrolla mientras maduramos. La mente de Cristo es como demostramos la voluntad de Dios de acuerdo a las escrituras, pero es el Espíritu Santo quien nos ayuda a conocer el "cuando" de la palabra de Dios. La exactitud o el tiempo de la Palabra traerá tensión. Recuerda que la Palabra es una persona y Él tiene un día que es grande y terrible. Es obvio que esto trae gran tensión, por consiguiente este día es grande para algunos y terrible para otros. El día se acerca a un planeta cercano, nadie sabe ni el día ni la hora. El día Grande y Terrible tiene un tiempo y sólo el Padre sabe cuando enviará a Su Hijo para buscar a una novia sin mancha ni arruga. Por lo tanto, este día que es grande y terrible tiene un tiempo y no se sabe ni el día ni la hora, pero la tensión que está cercano es muy evidente.

El tiempo de la Palabra es un tópico muy interesante porque la Palabra es eterna. El cielo y la tierra pasarán más Su Palabra no pasará. Cuando Jesús murió Su palabra mantuvo el movimiento del planeta tierra, la cual también mantuvo Su cuerpo muerto en la tumba para que pudiera en su momento resucitar de los muertos. Verdaderamente Él ha exaltado Su "Palabra sobre Su nombre." Por tres días cuando estuvo muerto y no respondió al nombre de Jesús, Su palabra mantuvo todas las cosas unidas. No hay nadie como Él.

Abraham tuvo que oír la Palabra del Señor cuando Isaac estaba en el altar, es vida o muerte escuchar o estar sordo. No solamente se trata de nuestras vidas pero las de otros también. ¿Si Dios no nos toca primero como podremos tocar a los demás? ¿Si no escuchamos a Dios como podremos decirle a otros? El tiempo para el alma del hombre es ahora, el tiempo de Dios es esperar. Pablo le dijo al jovén Timoteo, *"Procura con diligencia presentarte a Dios aprobado, como obrero que no tiene de qué avergonzarse, que usa bien la palabra de verdad"* (2 Timoteo 2:15). Aprobado de parte Dios, no de hombre; aprobado para Dios, no elegido por el hombre. El Reino de Dios no es una democracia. Es una monarquía suprema, santa y amorosa, donde el Rey tiene nuestros mejores intereses en mente por toda la eternidad. Pablo le dice a Timoteo que use bien la palabra de verdad, pero mas tarde en Hebreos Pablo dice, *"Porque la palabra de Dios es viva y eficaz, y más cortante que toda espada de dos filos; y penetra hasta partir el alma y el espíritu, las coyunturas y los tuétanos, y discierne los pensamientos y las intenciones del corazón"* (Hebreos 4:12).

Pablo le enseña a Timoteo que use bién algo que a la misma vez lo va a usar bién a él. Pablo le está diciendo al jovén Apóstol Timoteo que estudie algo que a la misma vez lo va a estudiar a él. La Palabra es viva y eficaz y discierne tus pensamientos y tus intenciones. Un ejemplo de nuestros pensamientos sería lo que pensamos o lo que hacemos, y nuestras intenciones serían porque pensamos o porque hacemos algo. Mientras que la Palabra penetra y parte nuestra alma y espíritu, es en ese momento que el discernimiento crece y se profundiza en nosotros. Mientras que esto sucede, empezamos a entender el tiempo de la Palabra. Mientras que la Palabra nos penetra y nos parte haciéndonos bién entonces empezamos a entender el tiempo de la Palabra.

Me gusta decirlo de esta manera: La Palabra tiene siete capas y tres tiempos. El Jesús que era, que es y que ha de venir es el tiempo. *"Las palabras de Jehová son palabras limpias, como plata refinada en horno de tierra, purificada siete veces"* (Salmo 12:6). Esas palabras eran perfectas y puras antes de entrar al horno, ¿Cómo serían después? Ninguna de Sus palabras pasará y ninguna dejará de cumplirse. Cuando nos paramos en la Palabra, la Palabra misma (El Verbo) se manifestará a nuestro favor.

"Entonces Nabucodonosor se llenó de ira, y se demudó el aspecto de su rostro contra Sadrac, Mesac y Abednego, y ordenó que el horno se calentase siete veces más de lo acostumbrado" (Daniel 3:19). Los hombres calentaron el horno siete veces más y el Verbo mismo se manifestó en el horno. Los jóvenes Hebreos no comprometieron la Palabra ni la ley de Dios, y fueron lanzados al horno. ¿Alguna vez has hecho lo correcto y te ha resultado mal? Esto fué lo que le ocurrió a José – no se acostó con la esposa de Potifar y fué lanzado en la cárcel. El Verbo estaba con los jóvenes en el fuego y con José

en la cárcel. Jesús estaba en silencio pero visible, ¿Vemos a Jesús en las pruebas ardientes de nuestras vidas? ¿O no lo vemos cuando Él guarda silencio? La Palabra del Señor probó a José al igual que a los tres jóvenes Hebreos. Ellos guardaron la Palabra de Dios en sus corazones, por lo tanto no pecaron contra Dios como lo declara Salmo 119:11. Cuando la Palabra de Dios está verdaderamente guardada en nuestros corazones Cristo se hace visible a otros a través de nosotros. Cuando defendemos la Palabra, el mismo Jesús se manifiesta a nuestro favor. Tal vez Babilonia no hubiera visto a Jesús si tres jóvenes no hubieran guardado Su Palabra. Lo que sucedió aquí es lo que Jesús prometió en el Evangelio de Juan. *"El que tiene mis mandamientos, y los guarda, ése es el que me ama; y el que me ama, será amado por mi Padre, y yo le amaré, y me manifestaré a él"* (Juan 14:21). Ellos guardaron la Palabra y Él guardó Su promesa de manifestarse y revelarse. Qué gran ilustración de la verdadera Cristiandad.

La Palabra que nos prueba es la Palabra que nos refina, nos purifica y nos prepara.

Es bíbilico hacernos preguntas. Tenemos que examinarnos y juzgarnos para ver si estamos en la Fe. Fe viene por el oir la Palabra de Dios, si permanecemos en Él, entonces Sus palabras permanecerán en nosotros y tendremos el oro que resistirá el fuego ferviente. Las verdaderas riquezas pueden resistir el fuego ferviente pero las riquezas temporales solamente resuelven problemas temporales. Cuando las riquezas terrenales son administradas sabiamente, riquezas celestiales son almacenadas delante del Señor como un recordatorio (Ver Hechos 10). Cuando somos pobre en espíritu recibimos acceso a las riquezas de Su gracia.

La Palabra del Señor tiene Su tiempo y es perfecta. El Verbo era Dios, y el Verbo era con Dios y creó todas las cosas. El Verbo está sellado en el cielo, sin embargo viene pronto en un caballo blanco con los ejércitos del cielo con Él. Su Palabra está establecida por la eternidad, sin embargo, Él siempre está en movimiento. Me encanta la preciosa tensión en la que vivimos; es ahí donde encontramos la perfecta voluntad de Dios, en el camino angosto. El Reino de Dios está continuamente en aumento, sin embargo, el Rey nunca cambia. Verdaderamente la sabiduría de Dios es un misterio. El Señor Jesús construye y crea por Su Palabra. Él nos santifica, salva y sana por Su Palabra. Él es el Verbo que se hizo carne, y fue destrozado para que fuesemos salvos y sanos. Él no tuvo donde descansar Su cabeza para que pudiésemos descansar nuestra cabeza sobre Su pecho. Su Palabra tiene que ser nuestra esperanza de otra manera estaremos desesperados. Él nos da autoridad y nos edifica por medio de Su palabra. La única manera de complacerlo es obedeciendo la Palabra que Él nos habla, la cual está sasonada con gracia y nos da la autoridad para la obra de fe con poder. Él nos mantiene en la verdad y nos permite pararnos por Él y Sus propósitos.

"¿A quién se enseñará ciencia, o a quién se hará entender doctrina? ¿A los destetados? ¿a los arrancados de los pechos? Porque mandamiento tras mandamiento, mandato sobre mandato, renglón tras renglón, línea sobre línea, un poquito allí, otro poquito allá" (Isaías 28:9-10). Esto se refiere al pueblo de pacto de Dios que no querían escuchar, y todavía estamos en las mismas condiciones, pero peor. Existe un solo remedio para nuestra condición y es la cruz de Jesucristo. Tenemos que volvernos al Señor con oración y ayuno para escuchar y obedecer. Si ayunamos y oramos pero no escuchamos ni obedecemos, nos convertiremos como el pueblo de Isaías 58 que "se recreaban en acercarse a Dios" pero estaban desconectados del corazón de Dios. Leer Isaías 58.

Por lo tanto, el Señor edifica por mandamiento o mandato, y esto nos da el poder para hacer lo que Él quiere y no lo que nosotros queremos. Por ejemplo, Dios nos da dos mandamientos: Amarás al Señor tu Dios con todo tu ser y a tu prójimo como a ti mismo. Estaban establecidos los "Diez Mandamientos", diez dividido por dos = ama a tu prójimo que lo puedes ver y ama a Dios a quién no puedes ver con tus ojos naturales hasta que respires tu último aliento. Le llamo a esto "la matemática del Espíritu Santo." La clase de matemática del Espíritu Santo siempre hará que nos comportemos como Jesús. La única manera de cumplir la Gran Comisión es por medio de estos dos mandamientos. La palabra "mandamiento" en el Griego es usada en los versículos donde Jesús nos dice que amemos a Dios, y "mandamiento" literalmente significa "receta." Los mandamientos o recetas del Señor son la única manera de cumplir la Gran Comisión. Muchas personas ponen el caballo antes de la carreta y tratan de hacer antes de que sus corazones esten apasionados por el Señor. Esto sólo lleva a cansancio, a relaciones enfermizas y a divisiones de iglesias innecesarias. Aquí está la Gran Comisión: "Id por todo el mundo y predicad el evangelio a toda criatura." Aquí no dice "construye edificios inmensos con muchas luces, adquiere deudas y manipula al pueblo semanalmente para que ofrende en el nombre de Jesús." No dice ora el evangelio y huye de la comisión que Dios te dió para predicar. No dice conviértete en un activista de los derechos civiles. No dice comienza un grupo de música Cristiana. Todas estas cosas son buenas pero la primera cosa tiene que estar primero, o estaremos fuera de orden. Primero dice ama a Dios, después ama a tu prójimo y entonces predica el Evangelio. Orad sin cesar, ora toda la noche, lo cual me gusta hacer con mucho café, pero no estés callado afuera. El amor no puede estar callado, y el verdadero fuego no puede estar encerrado en un edificio o en tus huesos, preguntale a Jeremías. *"Y dije: No me acordaré más de Él, ni hablaré más en su nombre; no obstante, había en mi corazón como un fuego ardiente metido en mis huesos; traté de sufrirlo, y no pude"* (Jeremías 20:9). Si verdaderamente conoces a Jesús, es imposible que no hables de Él. No hay manera posible que conozcas el camino y no le hables a los que están perdidos. El fuego no puede ser contenido, sólo puede consumir. El fuego te consumirá y cuando ya estés consumido, saldrá de tí, la Palabra nunca vuelve vacía. El Espíritu de Dios se estaba moviendo y la tierra estaba desordenada y vacía, pero cuando Dios habló luz fue y la tierra ya no estaba vacía. 'Vacío' es la ausencia de sustancia, pero sabemos que la sustancia de la fe viene por el oír, y la tierra y la atmósfera tienen que oír cuando el Verbo habla. La tierra estaba desordenada y vacía antes de que Dios hablara, ese mismo vacío se convirtió en algo y Dios lo llamó 'bueno.' La capacidad creativa de creación de la Palabra de Dios es impresionante.

Nosotros somos la representación de la fe del Señor Jesús cuando Él habla. Un día en el espíritu de mi mente, la cual está supuesta a renovarse diariamente, vi una imagen. Vi esta imagen en los ojos de mi entendimiento o sea en mi imaginación. Eran "maderas de oro dos por cuatro." Pregunté, "¿Espíritu Santo, qué es eso? Me contestó, "Estoy construyendo una casa en tí, para Yo habitar." Terminé llorando y echo un desastre sin tener idea de lo que esto significaba. Al tiempo recordé que Jesús fue un carpintero en la tierra, el Arquitecto Maestro. Estaba muy contento que no me estaba ordenando que yo construyera la casa, más bién me estaba mostrando lo que estaba haciendo. Cuando aprendemos lo que el Señor está haciendo, entonces aprendemos a participar pero no interferimos tratando de hacerlo nosotros mismos. Esto fue un gran alivio. Yo era plomero por vocación, y sin duda la construcción no era mi fuerte. Mientras que fui plomero aprendí algo valioso. La temperatura estaba bajo zero mientras estaba haciendo un trabajo de plomeria en una casa inmensa en Nueva Jersey. Estaba soldando. Para los que no lo saben, el metal tiene que estar suficientemente caliente para derretirse y formarse en un líquido para que el tubo quede bien sellado. Sobrecalenté el tubo de cobre y de repente ví un arco iris perfecto. En ese momento la plomeria se volvió insignificante y el Espíritu Santo comenzó a hacerme preguntas. "¿De donde proviene el cobre?" le contesto, "de la tierra, Señor." Me dijo, "muy bien." Entonces el Señor me dijo, "¿Viste lo que paso?" "Sí" le dije, y pare de soldar. En ese momento escuché un susurro, "Cuando mi fuego toca algo de barro, una señal de mi pacto se manifiesta." Comencé parcialmente a entender lo que el Señor me estaba hablando. Delante del trono de Dios hay siete lámparas, lámparas dan luz. Estos son los Siete Espíritus de Dios, y alrededor del trono un arco iris con siete colores. Recuerda que las lámparas delante del trono son para dar luz. Después que el fuego de Dios te purifica se establece un pacto. La tierra fue juzgada y entonces Dios hizo pacto con Noé, y el arco iris fue la señal del pacto. La agenda homosexual ha pervertido el arco iris y lo utilizan en su bandera. Nunca será para ese uso, nadie puede redefinir lo que Dios ya ha definido. El arco iris tiene su primera referencia como "Mi arco" por Dios en Génesis 9:13. Esto es el arco de Dios y siempre lo será. Esto es una señal del pacto, este pacto es entre Dios y el hombre, y hombres y mujeres. Cualquier otra cosa es falso y profano a la vista de un Dios Santo. Existen dos tipos de fuego que vienen del Cielo; el fuego que forma el oro y manifiesta el pacto, y el fuego que consumió a Sodoma y Gomorra a cenizas – tu escoges. El fuego de Su Palabra viene a un remanente que continuamente está buscando Su rostro. Este fuego no se puede contener y todo lo consume. Por lo tanto, si verdaderamente está dentro de tí tendrá que manifestarse. Es como un río que no puede contenerse y tiene que fluir. La Palabra de Dios menciona ríos fluyendo de nuestro interior en Juan 7:38. Bebemos un poco del agua viva y se convierte en un río, esa es la matemática de Dios. Lo que cabe en una taza, no se puede contener o describir apropiadamente en un río y para describirlo mejor se usa la palabra plural "ríos." En el Antiguo Testamento estamos plantados junto a corrientes de aguas, en el Nuevo Pacto los ríos fluyen de nosotros.

Capítulo 8
Jesús y Las Escrituras

Jesús no creía en auto-ayuda o en ser independiente; Él creía en abnegación. Esto significa que nos negamos a nosotros mismos y Él se manifiesta. Él nunca cambia de opinión, porque Él es el mismo ayer, hoy y por los siglos. Si Jesús estuviera en algunas iglesias donde venden libros de auto-ayuda o de como ser independientes tuviera que ejercer Su dominio propio volcando algunas mesas. Tal vez si Jesús apareciera en ropa moderna, se quitaría el cinto y golpeara a algunos pastores y diáconos por corromper Su casa con esta mentalidad. Si Jesús viera por lo que derramó Su preciosa sangre lloraría viendo nuestra condición de apatía y como la complacencia estrangula a Su pueblo. Jesús nunca enseñó auto-ayuda, Él nos mostró como negarnos a nosotros mismos, como tomar nuestra cruz y seguirlo. Si no lo escuchamos, seguimos y obedecemos, simplemente no somos Cristianos. No me interesa que oración oraste o quién te dijo lo que es ser un Cristiano. Un verdadero Cristiano es alguien que ama y obedece a Jesús.

Jesús no le da a Sus discípulos muchas cosas que hacer para confundirlos. Basicamente Él dice ama a Dios, ama a tu prójimo, predica el Evangelio y presta atención que nadie te engañe. Es simple, pero nosotros lo complicamos. Mientras más profundo estemos en el río de Dios y Su Palabra arda en nosotros, más lo veremos según la Escritura. De esa manera nos enfocamos menos en nosotros y en las opiniones de otros. La única opinión que importa es la de Jesús. Al final del día Su opinión es la que verdaderamente importa.

Jesús dijo que "seamos" algo, esto me interesó al punto de quedarme despierto tomando café toda la noche estudiando. Me intrigó cuando Jesús dijo que "seamos" algo, esto agarró mi corazón y mi mente. Tenía el presentimiento de que algunas cosas iban a ser expulsadas de mi corazón y derribadas de mi mente. ¡Que razón tenia!

Jesús dijo en Mateo 10:16 *"sed, pues, prudentes"* – el versículo continúa. Sin embargo, estoy usando esta declaración para ilustrar que Jesús quiere que seamos algo. Jesús no sólo quiere que hagamos algo, sino también que seamos algo. Pablo lo explica, tanto como David y también Salomón. Es muy importante ser lo que Jesús dice que seamos, porque solamente podemos conocerlo y servirlo en sus propios términos. Estoy enfatizando la Escritura porque así lo hacía Jesús. También, especialmente en esta generación, he visto la falta de reverencia hacia la Escritura. Esta es una generación que desesperadamente necesita acercarse a las Escrituras con la mente de Cristo. Estamos bajo un gran engaño en los últimos días que tal vez es alimentado por la falta de reverencia hacia la Palabra de Dios, hacia Su casa y como tratamos a Su pueblo. Jeremías dijo podemos "ver la Palabra del Señor." Dios está buscando a un pueblo que le tema y tiemble a Su Palabra. Estos son los que ven lo que Dios está diciendo y haciendo. El Señor tiene un gran deseo de manifestarse a favor de un pueblo que lo ama y le teme. El principio de la sabiduría es el temor de Jehová, y la sabiduría es lo que debe guiar nuestras decisiones. Nuestras decisiones reflejan quienes somos verdaderamente. Por eso alguien que comete adulterio es un adúltero, o el que miente es un mentiroso.

En la Palabra de Dios hay muchas cosas interesantes, pero hay algo que es muy profundo. Es como Pablo lo explica, expresa y como estructura las cosas que Jesús dijo. Es asombroso ver la humildad de nuestro Dios y como Él usa a Pablo después que él pasó su vida persiguiendo a la iglesia. Cuando pienso en Pablo, se que muchos Musulmanes vendrán a Jesús y lo conocerán como el Hijo de Dios y Señor de todo. Pablo le dice esto al joven Timoteo; *"Pero persiste tú en lo que has aprendido y te persuadiste, sabiendo de quién has aprendido; y que desde la niñez has sabido las Sagradas Escrituras, las cuales te pueden hacer sabio para la salvación por la fe que es en Cristo Jesús. Toda la Escritura es inspirada por Dios, y útil para enseñar, para redargüir, para corregir, para instruir en justicia, a fin de que el hombre de Dios sea perfecto, enteramente preparado para toda buena obra"* (2 Timoteo 3:14-17). Las Sagradas Escrituras pueden literalmente por medio de Jesucristo hacernos sabios para salvación. Las Escrituras no sólo nos dice que nos ocupemos de nuestra salvación con temor y temblor, pero nos enseña que tenemos la ayuda del Espíritu Santo. Durante este proceso nos convertimos en lo que Jesús nos dijo que seamos "prudentes." Hombres sabios oyen las palabras de su Padre; el hombre sabio gana almas. Las vírgenes sabias tienen aceite en sus lámparas. Un hijo sabio alegra el corazón de su padre. Hay muchas cosas que un hombre sabio hace, pero las Escrituras por medio de Jesucristo nos capacita para ser sabios. Es importante porque Jesús lo ordenó, y Su mandato es nuestra comisión y privilegio. El nombre del Espíritu Santo es Consolador, Él nos convence de pecado, pero es el Consolador. Nos recuerda lo que Jesús habló y nos guia a toda verdad. El Espíritu Santo nos lleva a las profundidades de Jesucristo. Sabiduría fluye de una persona sabia. Dios es sabio y omnisciente, por lo tanto de Su boca fluye sabiduría. Cuando el Padre abre Su boca y habla, Jesús se manifiesta, porque Él es la sabiduría de Dios. Mientras más atención le prestemos a Jesús más sabios seremos. Las Escrituras son esenciales para seguir a Jesús en sus términos. Los Fariseos, Escribas y Saduceos leian las Escrituras, todos leian la misma versión, pero no reconocieron al Autor cuando Él estaba en medio de ellos. Leian sin escuchar o ver al Autor. Esto fue trágico para su destino eterno. Sin embargo, es crucial para los seguidores de Jesús poder reconocerlo en las Escrituras. Nuestra imagen de Jesús no puede estar basada en nuestra percepción o como la sociedad o aún como la cultura de la iglesia lo describe. Es crítico que reconozcamos a Jesús por quien Él es basado en Su palabra. Estar engañados no está limitado a no saber lo que no es de Dios, es también no reconocer cuando Dios se está moviendo. Aún la gente del mundo sabe lo que no es de Dios. Discernimiento es poder reconocer a Jesús cuando Él viene de otra manera, después tocaremos más este punto. Discernimiento no es meramente reconocer quien y que no es de Dios, pero es reconocer quien y que es de Dios.

Cuando Andrés encontró a Jesús, escuchó que se referían a Él como el Cordero de Dios, de acuerdo a lo que Juan el Bautista dijo en Juan 1:36. Entonces escuchamos a Andrés revelar su entendimiento de la Escritura, porque él habia oído que Jesús era el Cordero de Dios. Andrés habia oído una palabra profética del ministerio profético más prominente de ese día y pudo aplicarlo a la Escritura. Andrés dice algo más; *"Este halló primero a su hermano Simón, y le dijo: Hemos hallado al Mesías (que traducido es, el Cristo)"* Juan 1:41. Juan profetiza, ellos creyeron y aplicaron la Escritura. Juan no dijo 'Él es el Cristo', él dijo "He aquí el Cordero de Dios", y así lo hicieron. Fue obvio que ellos creyeron que Él era el Cristo. Juan no lo llamó el Cristo, pero Andrés si lo llamó así. Si Andrés no hubiera estado familiarizado con las Escrituras, él no hubiera sabido de lo que Juan el Bautista estaba hablando. Más adelante vemos esto en otros versículos.

Pedro se une al equipo de ministerio de Jesús después de recibir una palabra de conocimiento sobre su nombre. Cuando Jesús le dijo a Pedro sin conocerlo formalmente "Tú eres Simón, hijo de Jonás; tú serás llamado Cefas." El Verbo mismo le da a Pedro una palabra de conocimiento e inmediatamente Pedro se convierte en un seguidor. Cuando Juan declara la profecía "He aquí el Cordero de Dios" esto causó que Andrés lo siguiera. No sólo eso, Pedro fue prendido por una palabra de conocimiento. Jesús atrae a las personas de distintas maneras, y es tan bello ver a Jesús atrayendo a Sus seguidores. Nosotros siempre buscamos fórmulas, pero Jesús sólo hace y dice lo que ve y oye al Padre decir y hacer. Nos gustan las fórmulas para poder hacer las cosas sin Dios. Muchas veces somos como Adán y Eva tratando de hacernos delantales.

Jesús llamó a Felipe, y Felipe halló a Natanael y le describe a quien encontró de una manera muy interesante: *"Felipe halló a Natanael, y le dijo: Hemos hallado a aquel de quien escribió Moisés en la ley, así como los profetas: a Jesús, el hijo de José, de Nazaret"* (Juan 1:45). Felipe presentó pruebas sobre Jesús, por medio de la ley de Moisés y por los profetas. El punto es que habian diferentes autores. Por las Escrituras, Felipe le demuestra para que él sepa que este es Jesús de Nazaret. Hasta este punto Jesús solo le habia dicho a Felipe, "sígueme" y ya Felipe está evangelizando. Ya ellos estaban buscando a sus amigos, estos hombres no tuvieron que ir a una conferencia de evangelismo. Una simple palabra de Jesús y estos hombres están buscando a los perdidos. Los seguidores de Jesús conocian las Escrituras aún antes de conocerlo. Por eso lo reconocieron. Ellos fueron sabios para la salvación, debido a que cuando vieron la Salvación lo siguieron. Cristo primeramente tiene que ser reconocido por quien Él es si verdaderamente lo vamos a seguir. Juan les dijo "He aquí el Cordero." Juan no dijo que lo siguieran, esto viene natural a aquellos que lo contemplan y lo buscan. Es muy interesante ver el punto de vista del hombre sobre lo que Dios está haciendo. Felipe le dice a Natanael "Hemos hallado a aquel", refiriéndose a Jesús. Esto es una imagen clásica de la opinión del hombre sobre lo que Dios hace y como el hombre interpreta el mover de Dios. Muchas veces no nos percatamos de que Jesús en la tierra era el mover de Dios, porque Él era Dios moviéndose en la tierra cumpliendo la perfecta voluntad del Padre. ¿Cómo pudo Jesús hacer todas las cosas perfectas si Él mismo no era perfecto? Sencillo – Él no pudo, lo cual claramente nos enseña Su divinidad. Solamente podemos ser lo que somos, solamente podemos dar lo que somos. Él era perfecto, por lo tanto, todo lo hacia perfecto.

Natanael le dice a Felipe, "Hemos hallado a aquel." ¿Estaba Jesús perdido? ¿O vino Jesús a buscar y a salvar lo que estaba perdido? El hombre sin Jesús está perdido, no importa cuan bueno sea, no importa su moralidad, el que no tiene a Jesús está perdido. Natanael dice encontramos a Jesús, pero Jesús le dice, "sigueme." Jesús no le dijo a Natanael ¡Gracias por encontrarme! Tampoco le dijo que buscara a Felipe. Esto es algo natural. Traer a otros a Jesús es natural porque Él es bueno.

En unos cuantos versículos de Juan capítulo uno, vemos a las personas llamar a Jesús por diferentes nombres. Juan el Bautista le llama el Cordero de Dios, Andrés le llama Rabí, y después le dice a Pedro hemos hallado al Mesías, que traducido es el Cristo. Lo interesante es que la Escritura no nos dice directamente quien vió a Jesús cuando el Espíritu Santo lo bautizó. Felipe lo identifica como

Jesús de Nazaret, hijo de José. Natanael lo llama Rabí, el Hijo de Dios y el Rey de Israel. La Escritura nos pinta cuadros de Jesús. Las Escrituras se tratan de ver a Jesús y ser prudentes como Él nos ordenó. La vida de Cristo y las Escrituras tienen algo en común y es esto, ambos son verdad y no pueden mentir. Cada palabra de Jesús se cumplirá, así como Él volverá. El Verbo nos persigue y ora diariamente por nosotros. Su oración nos da el poder de conocerlo porque Él desea conocernos, Él nos amó primero. La Escritura y la vida de Jesús trae una tensión que quebranta nuestros corazones para que Dios se pueda acercar a nosotros. Fue Su idea de decirnos que nos acercaramos a Él y Él se acercará a nosotros. Tenemos las Escrituras para tener un encuentro con un Dios Todopoderoso, no para tener buenos puntos para discutir mientras que el infierno se traga a una humanidad perdida. Cuando Jesús comenzó Su ministerio, Él leyó el libro del profeta Isaías y dijo, "El Espíritu de Señor está sobre mí, por cuanto me ha ungido para dar buenas nuevas a los pobres." Después dice, "Hoy se ha cumplido esta Escritura delante de vosotros." Esto comenzó Su ministerio, y después al final de Su ministerio en la tierra, lo vemos esperando por el tiempo oportuno para que se cumpliese la Escritura.

Mientras que Jesús, el Verbo que se hizo carne, estaba siendo destrozado y colgando en el madero, sangrando profusamente aún sabia algo más. Se refería a las Escrituras y es muy importante de entender. Aún mientras que Jesús estaba ofrenciendo Su misma vida, lo estaba haciendo como estaba escrito, porque Él es el Autor y Consumador de las Escrituras.

Esto se está llevando a cabo mientras que Jesús estaba aún colgado. *"Después de esto, sabiendo Jesús que ya todo estaba consumado, dijo, para que la Escritura se cumpliese: Tengo sed"* (Juan 19:28). Mientras que Jesús está muriendo, existe un tiempo preciso que tiene que cumplirse antes de que Él dijera "Tengo sed." Mientras que el Hijo de Dios está colgado en el madero y cada fibra de Su ser está siendo estirada al máximo, todo tenía que ocurrir en el tiempo preciso y en el orden de la Escritura. Ver a Jesús colgado en el madero y convertirse en objeto de Sus propias palabras por nosotros, nos permite ver el privilegio que tenemos de mantenernos fieles a las Escrituras y incluso morir como Dios quiere. Las Escrituras nos hace sabios para la salvación y aún nos enseña el tiempo de hablar y de no hablar según nos diriga el Espíritu Santo. De acuerdo a Eclesiastés hay un tiempo de hablar y un tiempo de callar. Las personas sabias saben que decir y que no decir. Ellos saben cuando hablar y cuando callar, a quién hablarle y a quién no.

El Salmista nos advierte que seamos sabios o prudentes; *"Ahora, pues, oh reyes, sed prudentes; admitid amonestación, jueces de la tierra. Servid a Jehová con temor, y alegraos con temblor. Honrad al Hijo, para que no se enoje, y perezcáis en el camino; pues se inflama de pronto su ira. Bienaventurados todos los que en Él confian"* (Salmo 2:10-12).

El Hijo es el que está diciendo "sed prudentes." El Salmista nos dice que honremos al Hijo para que no perezcamos en el camino. Jesús es el Hijo, Él es el camino, y el que nos dijo que fuesemos prudentes. Su Palabra nos da el conocimiento de como hacerlo, y Su Espíritu nos vivifica para que esto ocurra. Jesús y la Palabra son inseparables, como lo es el amor y la verdad, también como el Padre y el Hijo son inseparables. Reverencia a la Palabra y un deseo ferviente para la operación del Espíritu son inseparables. Error viene a los que no conocen las Escrituras ni el poder de Dios. *"¿No erráis por esto, porque ignoráis las Escrituras, y el poder de Dios?"* (Marcos 12:24). El Espíritu Santo bautizó al Verbo. Cuando el Espíritu bautizó a Jesús en el Rio Jordán, la Palabra y el Padre hablaron una palabra al Verbo mismo. Pedro predica la Palabra y los congregados son llenos del Espíritu Santo. Jesús el Verbo fué ungido para predicar. Es imposible que no le hables a otros de Jesús si has pasado tiempo con Él. El verdadero Jesús es el Jesús de la Biblia, el que colgó en un madero y esperó para que se cumpliese la Escritura "Tengo sed" llevándolo a decir "Consumado es", que se refiere a la copa que Él bebió y al precio que pago por nosotros. La Palabra nos da el fundamento y el Espíritu nos guia, el único viento que debe mover a un Cristiano es el viento de Dios.

El viento de Dios proviene de Su mismo aliento. La Palabra de Dios es el sonido que Su aliento produce cuando Él piensa en voz alta. Él nos dio la mente de Cristo para cuando Él no piensa en voz alta. Es crucial que vengamos a las Escrituras con la mente de Cristo para poder ver a Jesús.

Capítulo 9

La Escritura de Verdad y El Jesús Que La Abre

Hemos discutido el tema que la Escritura nos debe de guiar hacia un encuentro con Dios. Realmente creo lo que escrbí porque las Escrituras lo muestran muy claramente. Su voz debe de atraernos a Su presencia. En ambos el Antiguo y el Nuevo Testamento, este concepto es evidente si tenemos los ojos espirituales para ver. Daniel, Sadrac, Mesac y Abed-nego todos guardaron la ley de Dios y no se comprometieron. Todos encontraron a Jesús. Su Palabra estaba escrita en sus corazones, la creyeron y Jesús fue el pronto auxilio para estos hombres en el tiempo de la tribulación cuando ellos no se comprometieron.

Voy a usar a Daniel porque el Señor compartió algo profundo con él. *"Y me dijo: Daniel, varón muy amado, está atento a las palabras que te hablaré, y ponte en pie; porque a ti he sido enviado ahora. Mientras hablaba esto conmigo, me puse en pie temblando. Entonces me dijo: Daniel, no temas; porque desde el primer día que dispusiste tu corazón a entender y a humillarte en la presencia de tu Dios, fueron oídas tus palabras; y a causa de tus palabras yo he venido"* (Daniel 10:11-12). Que honor que Jesús diga, "fueron oídas tus palabras y a causa de tus palabras yo he venido." El Jesús que está hablando es el Mismo cuyos ojos son llamas de fuego y sus cabellos como blanca lana. Este es el Jesús que tiró a Juan el Revelador al piso cual muerto. Daniel también cayó al piso temblando. Dios los tenía hechos un desastre. Un verdadero encuentro con Dios te dejará deshecho, pregúntale a Isaías. Las Escrituras describen algo muy interesante sobre lo que a Daniel se le mostrará. *"Pero Yo te declararé lo que está escrito en el libro de la verdad; y ninguno me ayuda contra ellos, sino Miguel vuestro príncipe"* (Daniel 10:21). En este capítulo Daniel ha visto una visión de Jesús. Ahora el Autor mismo le está revelando las Escrituras de verdad a Daniel. La palabra "declarar" también significa anunciar, exponer, predecir, manifestar y explicar.

Daniel ve a Jesús y ahora las Escrituras están siendo explicadas. Que día tan maravilloso para Daniel. Jesús nos está manifestando algunos de Sus deseos, y es que Él anhela que el hombre lo vea. También desea que lo encontremos en las Escrituras porque Él mismo es el Autor y no solamente eso, Él es el Verbo. Si nos fijamos cuidadosamente, Jesús vino a Sus discípulos que iban de Emaús hacia Jerusalén y les habló de Él mismo en las Escrituras. Entonces viene a Daniel para revelarle las Escrituras. Evidentemente las Escrituras son muy importantes para Jesús.

Cuando Jesús fue tentado en el desierto por el diablo, el Verbo Encarnado se refirió a la Palabra escrita y le dijo ¡Escrito está! Por lo tanto, el Verbo siempre se va a referir a la Palabra escrita, porque Él es el Autor, mientras que los hombres son simplemente Sus escribas. El Autor y Consumador de nuestra fe desea hablarnos en Su Palabra.

El Jesús resucitado abrió las Escrituras a Sus discípulos y causó que sus corazones ardieran. Dios tiene un gran propósito en todo lo que Él hace, y algunas de las cosas que Él está haciendo es preparando a Su pueblo para los últimos días. La Escritura fue abierta a Pablo y a su vez él la abrió a nosotros cuando dijo "Y la roca era Cristo" (1 Corintios 10:4). El Antiguo Testamento no dice eso, pero Jesús abrió la Escritura y le dió revelación a Pablo. Sí Jesús lo dice y está en la Biblia es aceptado como la verdad. La Biblia es verdad porque el Autor es Verdad. Mi pregunta es en cuanta verdad el Cuerpo de Cristo no ha entrado corporativamente a caminar debido al espíritu de cojera. Si estamos siendo dirigidos a toda verdad, quiere decir que vamos hacia algún lugar, y cuando vamos hacia un lugar entonces señales y prodigios deben de seguirnos. Entonces otros verán la bondad y la misericordia de nuestro Dios.

Cuando la Escritura se abre comienza el recorrido que Dios tiene planeado para cada creyente. No importa si el recorrido nos lleva a las naciones, al trabajo, al hospital o a la oficina de la Iglesia, existe un recorrido radical de amor que el Cordero tiene preparado para los que andan como es digno de Él.

Después de la resurrección, Jesús dice algo y entonces expone todas las cosas en las Escrituras con respecto a Si mismo. *"Entonces Él les dijo: ¡Oh insensatos, y tardos de corazón para creer todo lo que los profetas han dicho! ¿No era necesario que el Cristo padeciera todas estas cosas, y que entrara en su gloria?"* (Lucas 24:25-26). Jesús los llama insensatos y después causa que sus corazones ardan mientras les abre las Escrituras. Jesús no sólo analiza el problema, Él también lo resuelve. No se necesita un profeta para dar malas noticias, simplemente lee el periódico. Jesús "comenzando desde Moisés y siguiendo por todos los profetas les declara todas las cosas con respecto a Si mismo." Entonces se sentó con ellos a la mesa, tomó el pan, lo partió y les dio. Volvemos a la historia; *"Entonces le fueron abiertos los ojos, y le reconocieron; mas Él se desapareció de su vista. Y se decían el uno al otro: ¿No ardía nuestro corazón en nosotros, mientras nos hablaba en el camino, y cuando nos abría las Escrituras?"* (Lucas 24:31-32). Ellos no tuvieron un debate, hablaron de como sus corazones ardían. No pelearon, pero hablaron sobre la experiencia con Jesús mientras Él les abría las Escrituras en el camino. Jesús es el Camino e indudablemente está abriendo las Escrituras a Su cuerpo como nunca antes. Las personas que tienen experiencias con Jesús siempre están hablando de ellas, sin embargo los que carecen de experiencias les gusta discutir y acusar a otros. Jesús milagrosamente se desapareció pero ellos no hablaron de ese milagro, porque ya Él habia hecho muchos milagros. Uno de sus Nombres, "Admirable" literalmente significa 'milagro.' Dios estaba haciendo algo nuevo, y ese era el tema de su conversación. Cuando la mayoría de nuestras conversaciones son de lo que el enemigo está haciendo muestra que estamos enfermos. Jesús apareció para deshacer las obras del diablo, no para hablar de ellas. Si el enemigo con frecuencia nos mantiene pensando y hablando sobre lo que él está haciendo, nos puede neutralizar y nos hace reincidir, apostatar y que perdamos nuestro primer amor. Nuestro primer amor siempre será nuestro primer objectivo, estamos llenos de lo que estamos enfocados. De la abundancia del corazón habla la boca.

Jesús había tomado el pan, lo partió y sobrenaturalmente desapareció. No comió del pan porque se lo dio a sus discípulos. Entonces en Lucas 24:36, se pone en medio de ellos sobrenaturalmente y ven al Jesús traspasado que ha resucitado de los muertos. Jesús les da una breve lección, que los espíritus no tienen carne ni huesos, y les pregunta a sus maravillados discípulos si tienen algo de comer. Jesús primero les da pan y ahora les está pidiendo carne, ¿que es Jesús, un predicador de la fe? ¡Pienso que Jesús cree en la devolución de ciento-por-uno, ja-ja! Entonces come delante de ellos y cumple la Escritura. Es como que Jesús no puede dejar de hacerlo.

"Y les dijo: Estas son las palabras que os hablé, estando aún con vosotros: que era necesario que se cumpliese todo lo que está escrito de mí

en la Ley de Moisés, en los profetas y en los Salmos. Entonces les abrió el entendimiento, para que comprendiesen las Escrituras" (Lucas 24:44-45).

Jesús les dice el mensaje que tienen que predicar, les dice que son testigos de todas estas cosas, y después los envía a Jerusalén y les dice que esperen hasta que sean investidos con poder de lo alto. El poder de Dios es absolutamente necesario para un ministerio auténtico. Para un ministro auténtico es necesario tener un carácter piadoso, de otra manera Jesús es completamente distorsionado. La mayoría de las cosas que son mal hechas en las iglesias son porque no entendemos las Escrituras y porque no la reverenciamos. Otras desiluciones en la iglesia usualmente surgen porque el pueblo no conoce profundamente al Autor. Esto lleva a la iglesia a distorsionar la imagen de Jesús al mundo, que para mí es un GRAN PECADO, del cual la iglesia necesita arrepentirse. Después de la resurrección, Jesús tuvo participación directa con las Escrituras en dos ocasiones diferentes. En una ocasión les declaró todas las Escrituras referente a Él mismo. La Palabra 'declarar' significa explicar meticulosamente o traducir. Ellos recibieron la traducción de Jesús, directamente del que fue traspasado, que momento para hacer un llamado al altar. Entonces desaparace y después se pone en medio de ellos donde Él pertenece. Vemos de nuevo que el Rey Jesús les abre el entendimiento para que comprendiesen las Escrituras, Jesús está bien ferviente sobre esto. Entonces Jesús les abre el entendimiento o el intelecto para que puedan comprender, comportarse piadosamente y ser sabios. Jesús les dice que sean sabios. Cuando Jesús les abrió las Escrituras esto los hizo sabios, les dió la palabra para hablar y a la misma vez esperar por el poder para predicar. Aún después que vieron a Jesús resucitado, Él quería que los discípulos fueran llenos del Espíritu Santo antes de su primer sermón. Escribí sobre esto porque es algo que nuestro Señor Jesús está haciendo en la tierra. Él está abriendo las Escrituras. Recuerda que Jesús abrió las Escrituras antes del derramamiento del Espíritu, y aún así Pedro pudo decir que esto era lo que fue escrito en el libro de Joel. Con la Escritura Jesús le puso lenguaje a lo que Dios estaba haciendo. Esto es importante, como cuando Jesús hace algo que Su pueblo nunca ha visto antes, Él lo identifica por Su voz y también te invita a caminar sobre las aguas como Él y Pedro lo hicieron. Dios está guardando algo para estos tiempos. Lo sé porque Él está abriendo las Escrituras. Poco después que las Escrituras fueron abiertas a los discípulos, el Espíritu de Dios se derramó de una manera poderosa. Si Dios no derrama de Su Espíritu sobre nosotros, no hay manera que podamos soportar lo que en breve viene sobre la faz de la tierra. El hecho que las Escrituras están siendo abiertas es el comienzo de algo bueno. Aprecio tanto lo que Dios está haciendo que no sólo quiero estar donde Dios se está moviendo pero quiero ser lo que Él está haciendo.

Pedro estaba viviendo en el cumplimiento de Hechos capítulo 10, cuando le sobrevino el éxtasis donde Jesús le dijo "levántate, mata y come." Esto contradecía todo lo que Pedro había sido enseñado, por eso no sabia que hacer. Jesús no estaba contradiciendo la Ley, Él había cumplido la Ley, y lo que antes era inmundo ahora estaba limpio. Esto completamente contradecia lo que estaba escrito en la Ley, pero la Ley fue cumplida en Jesús y el Nuevo Testamento se tenía que escribir para nosotros leerlo. Esta visión se convirtió una doctrina del Nuevo Testamento. Cuando Pablo dijo refiriéndose a la comida, "porque por la Palabra de Dios y por la oración es santificado." Jesús no estaba contradiciendo la Escritura, simplemente continuaba escribiéndola para que tuvieramos el consejo completo de Dios en la Biblia. El deseo del Padre es darnos todas las cosas que pertenecen a la vida y a la piedad en una Persona, en un Libro y para nosotros. Pienso como los líderes religiosos Judíos interpretaron la nueva revelación de Pedro; probablemente lo llamaron un hereje. Por lo tanto, tenemos que tener un corazón puro para entender lo que Dios está haciendo. También tener manos limpias para poderlas usar en lo que Dios está haciendo. Esto es co-laborar. Otro breve ejemplo, José, de acuerdo a la Ley, pudo haber apedreado a María estando embarazada de Jesús, pero él no lo hizo porque era un hombre lleno de gracia y de bondad. El mundo religioso lo llamó un comprometedor o lo que decían en esos días, pero José sabia la revelación que él habia recibido. Sin embargo, José no tuvo un punto de referencia, simplemente tenia un corazón puro y era un hombre de carácter que creía en Dios y resistió el reproche. La decisión de José de ser misericordioso le dió más tiempo con Jesús que ningún otro ser humano en los días de Su carne. Jesús trabajó con José por 18 años, desde el amanecer hasta el atardecer, seis días a la semana. Mira todo el tiempo que José pasó con Dios, cuando probablemente los que lo acusaron no creían en Jesús. Existen falsos encuentros que hombres y mujeres están teniendo con ángeles y con apóstoles de la luz. Y no es maravilla, porque el mismo Satanás se disfraza como ángel de luz. Mientras Dios abre las Escrituras, el enemigo contenderá con falsedad para causar que los hombres se aparten de Jesucristo, nuestro Cordero de la Pascua. Si la Palabra de Dios no es reverenciada y Jesús no es el centro, probablemente ese movimiento no es de Dios. Jesucristo es la centralidad de todo lo que Dios está haciendo. Esto digo para que nadie os engañe. Una ilustración de esto es un hombre subiendo las escaleras agarrando las barandas usando sabiduría. Si le tienes temor al engaño ya estas engañado. Una ilustración de alguien que tiene temor de estar engañado es alguien que sube las escaleras gateando con un casco puesto, agarrando las barandas con ambas manos. El espíritu de temor es uno de los gobernadores que administra engaño y el enemigo tiene temor porque ya él está juzgado. Solo debemos de temer a Dios porque Él es quien juzga. Tenemos que permanecer en la Palabra y obedecer lo que dice. Tenemos que tener corazones humildes y congregarnos con creyentes sinceros. Esto es un consejo práctico pero recordemos que Dios comenzó la buena obra en nosotros y Él la terminará, después de todo, Él es el Autor y Consumador. Los que ponen su esperanza en Él jamás seran avergonzados. Comemos el rollo y sabremos lo que es de Dios y lo que no es de Él. Tenemos que mantener nuestros ojos en Jesús porque Sus ojos están sobre nosotros. Lo amamos porque Él nos amó primero. Cuando comamos del rollo, el Verbo se hará carne. Cuando el Verbo se haga carne en nosotros, es entonces cuando nuestra Cristiandad se hará visible a los que están a nuestro alrededor.

Capítulo 10

El Misterio de La Piedad, y El Verbo Haciéndose Carne

Jesús es el Verbo hecho carne que habitó entre nosotros. Estamos en gran necesidad de que Jesús camine entre nosotros en estos últimos días. No podemos permitir que Jesús esté tocando a las puertas de nuestras iglesias mientras que el infierno mismo abre su boca para tragarse a nuestra generación. El Verbo se tiene que hacer carne en nosotros para que otros puedan tocar a Jesús a través de nosotros en el diario vivir. Jesús tiene que ser tangible no simplemente en una campaña Evangelística pero a través de nosotros diariamente. Cuando el Verbo se hace carne en nosotros entonces Jesús es tangible. Él no es ninguna filosofía para discutir. En vez de discutir sobre Jesús y las Epístolas de Pablo, debemos de manifestarlo a un mundo perdido y agonizante. Manifestar a Jesús cuando el Verbo no se ha hecho carne en nosotros es un delirio de grandeza. El enemigo viene a robar la semilla de la Palabra, por lo tanto, la Palabra no se hace carne en nosotros, no se duplican las obras que Jesús hizo y no se destruyen las obras del diablo.

El misterio de la piedad trata con el Verbo haciéndose carne. "E indiscutiblemente, grande es el misterio de la piedad: Dios fue manifestado en carne, justificado en el Espíritu, visto de los ángeles, predicado a los gentiles, creído en el mundo, recibido arriba en gloria" (1 Timoteo 3:16). Este es el misterio de los seis-pliegues de la piedad. Discutiremos el tema del Verbo haciéndose carne porque es el principio de la progresión de este bello misterio. Jesús nació de una virgen, el Espíritu Santo cubrió a María, la cual quedó impregnada con Dios quien se iba a manifestar en carne. Jesús fue completamente Dios y completamente hombre. Él fue completamente Dios por eso se manifestó en carne. También nació de una virgen, por lo tanto, fue completamente hombre. Yo creo que fue el Espíritu de Vida que cubrió a María y produjo vida donde antes no había nada. El Espíritu de Vida es mencionado en Apocalipsis 11:11 y en Romanos 8:2 y 10; leélo.

Una gran ilustración del misterio de la piedad es visto en el libro de Ezequiel. Dios le ordena a Ezequiel que hable Sus palabras, pero primero sucede algo. Vamos a leerlo juntos. El encuentro que Ezequiel tiene con el Señor es maravilloso y se encuentra en el segundo capítulo de Ezequiel. En el primer capítulo del libro vemos un poco de la información. El Trono de Dios estaba persiguiendo a Ezequiel y él terminó postrado sobre su rostro, deshecho como cualquiera que tiene un verdadero encuentro con Jesús. Ezequiel está postrado y Jesús le dice "Hijo de hombre, ponte sobre tus pies y hablaré contigo." La Escritura continúa, "Y luego que me habló, entró el Espíritu en mí y me afirmó sobre mis pies." Las Palabras de Dios son espíritu y vida, y el Espíritu entró en Ezequiel sin invitación. Jesús tumbó a Pablo de su caballo sin su permiso. La religión nos ha enseñado algunas cosas interesantes, como que Dios es un caballero y no invade nuestro libre albedrío. ¿Pidió Ezequiel ser tomado por las guedejas de su cabeza? ¿ Pidió Jonás ser puesto en el vientre del pez por tres dias? Ahora el Espíritu de Dios habita en el profeta. ¿Habitaba el Espíritu de Dios en los profetas del Antiguo Testamento? He escuchado a varios pastores decir que el Espíritu de Dios no habitaba en las personas del Antiguo Testamento, y eso no es bíblico. Es interesante como Nabucodonosor reconoció al Hijo de Dios en el fuego en Daniel capítulo tres, pero los fariseos no podian ver a Jesús cuando Él estaba delante de ellos. Es parecido a las personas que creen en la Biblia y a los pastores que la contradicen. La religión nos ha enseñado cosas que suenan bien pero que no son verdad. Dios es más grande que el libre albedrío de Jonás o el de Pablo. Dios es soberano. Tenemos que asegurarnos que es el Espíritu Santo que nos está enseñando la Palabra de Dios y no los hombres dándonos sus opiniones de la Palabra de Dios. Las opiniones de los hombres llevan a la herejía mientras que la opinión y la perspectiva de Dios es la verdad. Cuando el Verbo se hace carne, la verdad es evidente. Esa es la voluntad de Dios, en la tierra como es en el cielo. Cuando le creemos a Dios por lo imposible lo que es invisible se hace visible o palpable.

Ezequiel ve el Trono de Dios persiguiéndolo y esto lo lleva a postrarse. Las Palabras de Jesús son tan poderosas que literalmente ponen sobre sus pies a un hombre que estaba postrado. ¿Pidió Ezequiel que lo pusieran en pie? ¿Pidió Ezequiel que le entrara el Espíritu Santo? Puedes resolver este asunto entre tú y Jesús, pero mientras tanto Jesús o la Palabra del Señor está comisionando a Ezequiel. Vemos una ilustración en la Escritura de un misterio.

"Mas tú, hijo de hombre, oye lo que yo te hablo; no seas rebelde como la casa rebelde; abre tu boca, y come lo que yo te doy. Y miré, y he aquí una mano extendida hacia mí, y en ella había un rollo de libro. Y lo extendió delante de mí, y estaba escrito por delante y por detrás; y había escritas en él endechas y lamentaciones y ayes. Me dijo: Hijo de hombre, come lo que hallas; come este rollo, y vé y habla a la casa de Israel. Y abrí mi boca, y me hizo comer aquel rollo. Y me dijo: Hijo de hombre, alimenta tu vientre, y llena tus entrañas de este rollo que yo te doy. Y lo comí, y fue en mi boca dulce como la miel. Luego me dijo: Hijo de hombre, vé y entra a la casa de

Israel, y habla a ellos con mis palabras" (Ezequiel 2:8-3:4).

Cuando Juan el Revelador en Apocalipsis comió el rollo, los resultados fueron los mismos; dulce y amargo. Esta es la tensión de la Palabra. Lo interesante sobre lo que el Señor hizo con Ezequiel es que Él le dió el rollo y le dijo come y ve. Él no le dijo come, espera, ayuna y ora. Hay un tiempo para cada propósito debajo del cielo, pero el ayuno y la oración no debe ser un impedimento para nuestra comisión de ir y predicar el evangelio a todo el mundo. Cuando la mano de Jesús le dió el rollo a Ezequiel no fue para que él se volviera más espiritual, pero fue para que el pueblo de Dios pudiera oír la Palabra de Dios. La Palabra tenía que habitar en Ezequiel antes de que él pudiera hablarla, de otra manera hubiera sido un hipócrita. Ezequiel comió el rollo como el Señor se lo indicó y después fue donde el Señor le dijo que fuera. No hay manera que comas del rollo y no vayas donde el Señor te envíe. Jonás no había comido del rollo, simplemente corrió de la voz de Dios y terminó en el vientre de un gran pez. Dios toma tan en serio Su obra redentora, que está dispuesto a poner a alguien en el vientre de un pez y vomitarlo para cumplir lo que está en Su corazón para una humanidad perdida.

Si verdaderamente has comido y gustado de la Palabra, tienes que ir y proclamar. No hay manera que pases tiempo con el verdadero Jesús y que no le hables a otros de Él. Cuando alguien se casa se lo dice a todo el mundo y debe ser lo mismo cuando alguien verdaderamente conoce a Jesús. Es algo natural, no una alternativa o un evento, pero es un privilegio y un honor. El problema es que la mayoría de los Cristianos no compreden que un pacto de sangre no tiene nada que ver con sentimientos pero todo que ver con compromiso que es mucho mayor que los sentimientos. Predicar el evangelio demuestra nuestro amor por Jesús. El mismo Jesús dijo,

"Si me amáis, guardad mis mandamientos." Jesús dijo "Amarás al Señor tu Dios con todo tu corazón y a tu prójimo como a ti mismo." También dijo "Aprended de mí que soy manso y humilde de corazón" y dijo ¡Id y predicad a todo el mundo! Es imposible comer del rollo y no predicarle a nadie sobre Jesús. Es una falsa ilusión pensar que Jesús nos toque y continuar iguales. ¿Podemos tocar un sartén caliente y quedarnos iguales? Nuestro Dios es un fuego consumidor, ¿Si Jesús verdaderamente nos toca, podemos continuar perdidos? Si realmente hemos comido del rollo, tendremos que hacer las cosas a Su manera. El Verbo se tiene que hacer carne antes de que Dios nos envíe. El hombre envía al que está educado, Dios solamente envía al que está dedicado. El Verbo haciéndose carne es uno de los requisitos para que Dios nos envíe, el hombre puede enviar a cualquiera.

Los enviados por Dios no se conmueven por su recibimiento. Noé predicó poco más de 100 años sin convertidos, sólo su familia fue salva. Ezequiel no hiba a ser escuchado, Dios se lo había dicho antes de enviarlo. Muchas veces no se trata de que otros nos escuchen, se trata de nosotros escuchar. Dios tomó Su tiempo para hablarle a Ezequiel sobre un pueblo que no lo escucharía. Este es un Dios omnisciente. El Verbo se tiene que hacer carne si no vamos a ser conmovidos por el mundo a nuestro alrededor. Cuando el Verbo se hace carne en nosotros no seremos conmovidos por el mundo a nuestro alrededor, pero seremos movidos por el Espíritu que habita en nosotros. Jesús el Verbo humanado se hizo palpable al mundo externo. La mujer con el flujo de sangre lo tocó y nunca fue la misma, inmediatamente el flujo se secó. Mientras el Verbo se hace carne en nosotros y somos enviados, otros tienen que tocar al Cristo en nosotros, la esperanza de gloria. Tú y yo podríamos ser la única esperanza que alguien tenga de poder tocar a Jesús. Por lo tanto, tenemos que comer el rollo o otros moriran de hambre. Su Palabra tiene que morar en nosotros como un volcán activo que reacciona cuando la falla geológica se mueve. La mayoria de los Cristianos son volcanes inactivos que la religión, la desilución y el rechazo han callado. Espero que el temblor que se acerca moverá las fallas geológicas y causará una erupción para que salga lo que tenemos adentro. Es muy difícil tener una carga por los perdidos, si nosotros también lo estamos. ¿Donde puede ir un perdido, o donde puede ser enviado? Si no estamos escuchando o obedeciendo a Jesús, tal vez podemos estar en la iglesia por más de viente años y estar más perdidos que la prostituta que está parada en la esquina.

En ellos en quien verdaderamente el Verbo se hace carne sufren persecución. Solamente podemos vivir vidas piadosas en Cristo Jesús si permanecemos en Él y Sus palabras permanecen en nosotros. Cuando la Palabra de Dios nos ofende es porque ha habido una infracción en nuestra vida contra el Espíritu de Dios, porque la luz sólo ofende o molesta a la oscuridad. Por lo cual la luz y las tinieblas no tienen nada en común y no tienen comunión. El Espíritu de Dios, la Palabra de Dios y el pueblo de Dios son las claves para vivir una vida piadosa en Cristo Jesús. Ninguna cantidad de oración o de lectura de la Palabra puede reemplazar el misterio de nuestra comunión y de las relaciones que tenemos que tener los unos con los otros unidos en amor. Ninguna cantidad de ayuno y oración puede satisfacer nuestra sagrada obligación de predicar el evangelio. También, ninguna cantidad de predicar el evangelio puede satisfacer nuestro privilegio nupcial de ayuno y oración y de tener intimidad con Jesús. Todas estas cosas son necesarias. Cuando el Verbo se ha hecho carne y habita en nosotros, nos convertimos Cristianos completos. Esto quiere decir que oramos, predicamos, ayunamos, damos a otros, estamos dispuestos a ir, vamos, ponemos nuestras vidas, tenemos gozo en humillarnos y tenemos gozo en la abundancia. Necesitamos el consejo completo de la Palabra de Dios para estos tiempos como nunca antes. Las personas acampan alrededor de una esfera de la verdad y caen en el orgullo y en el delirio de pensar que no necesitan a otros. Esto es una enfermedad. Se llama orgullo espiritual. Por esa razón Satanas fue lanzado del cielo, y esto hace que la tierra quiera vomitar a sus habitantes.

La Novia se está preparando porque el Novio Divino habita dentro de ella y entonces ella comienza a percibir Sus deseos. Mientras el Verbo se hace carne, ella se prepara.

Parte del misterio de los seis-pliegues de la piedad es la resurrección del Señor Jesús, pero antes de resucitar Él tuvo que ofrecer Su vida. Antes de ofrecer nuestras vidas, el Verbo tiene que hacerse carne en nosotros y es entonces que las demás personas podrán tocar a Jesús o al Cristo resucitado en nosotros. Entonces la persecución se levanta por causa de la Palabra. Es en ese momento que tendremos el gran privilegio de ofrecer nuestras vidas, por Aquél que se entregó por nosotros.

La evolución del misterio de los seis-pliegues de la piedad es explicada aún más en el libro de Ezequiel. Jesús siempre esta presente con respecto a este misterio.

Jesucristo tiene que ser el centro de cualquier cosa que verdaderamente sea de Dios. La mayoría de los Cristianos están familiarizados con la historia de "El Valle de Los Huesos Secos." *'La mano de Jehová vino sobre mí, y me llevó en el Espíritu de Jehová,'* vemos que la mano de Jehová vinó sobre Ezequiel y se lo lleva. Existen dos opciones, el Espíritu de Jehová te lleva con Él o te separas de Él.

Este encuentro es muy parecido a cuando Juan estaba en el Espíritu en el Día del Señor. Estos hombres estan siendo completamente poseídos por Dios. Entonces el Señor comienza a hacerle preguntas a Ezequiel, y él le contesta, "Señor Jehová, tú lo sabes." Entonces Jesús le dice, "Profetiza sobre estos huesos." Ezequiel hizo como le fue mandado; *"Profeticé, pues, como me fue mandado; y hubo un ruido mientras yo profetizaba, y he aquí un temblor; y los huesos se juntaron cada hueso con su hueso. Y miré, y he aquí tendones sobre ellos, y la carne subió, y la piel cubrió por encima de ellos; pero no había en ellos espíritu"* (Ezequiel 37:7-8). El Verbo se hizo carne en los discípulos entonces el viento de Dios sopló sobre ellos en el Aposento Alto y después salieron. Ellos no se quedaron encerrados en el Aposento Alto; más bien llevaron su experiencia para afuera. Esta experiencia los llevó al mismo Concilio que condenó a Jesús a la muerte, pero ellos ya no tenian temor por la experiencia que habían tenido. Esta experiencia del viento de Dios los llevó a las prisiones, a exilios y a algunos a sus propias cruces. Si le preguntaramos ¿Vale la pena? Ellos sonreirian y dijeran ¡Si! Antes que el viento soplara sobre los huesos secos, la palabra profética que el Señor había enviado ya había movido la estructura de los huesos, los huesos se movieron y entonces el Verbo se hizo carne. Esto es lo que está sucediendo aún ahora. El Señor está moviendo la estructura de Su iglesia, virando los corazones de los padres a sus hijos. Las profecías se estan cumpliendo hoy. Aunque parte de la iglesia se está separando del Señor hay una novia que se está ataviando preparándose para recibir a su Novio. De vuelta a Ezequiel, el Señor le dice que profetice a los huesos y él así lo hace, entonces vida viene a lo que estaba seco y muerto. ¿Te encuentras en un valle de muerte y desunión? El "valle de los huesos secos" debe ser el nombre de algunas iglesias. Verdaderamente que es aquí donde nos encontramos, parecidos a Ana. Ella conocía a su marido, pero era estéril. Conocemos a Jesús un poco, pero aún tenemos que mostrárselo al mundo a nuestro alrededor. Dios tiene que oír nuestro clamor de esterilidad y la expresión de nuestro útero tiene que estar consignado a Él para que se manifieste una verdadera generación profética. Si Charles Finney, Andrew Murray o Watchman Nee vieran las personas que nosotros llamamos profetas, ellos los llamarían comediantes. Entonces, antes de que el Verbo se hiciera carne en el valle de los huesos secos, hubo un ruido y un temblor de los huesos muertos. Proféticamente creo que es aquí donde nos encontramos. Después que se profetizó la Palabra, el Verbo se hizo carne y se manifestó la vida. Después del ruido y del temblor, los huesos se juntaron cada hueso con su hueso. Esto comenzará a suceder cuando Dios comience a hablarle corporalmente a Su pueblo. En este momento creo que es aquí donde se encuentran los precursores de esta generación. Entonces Ezequiel profetiza a los cuatro vientos, y entró espíritu en los huesos y vivieron, y estuvieron sobre sus pies; un ejército grande en extremo. La Escritura dice que estos huesos son la casa de Israel y ellos son el pueblo del Pacto. Si somos Cristianos también somos un pueblo de Pacto. ¿Si Dios hizo un segundo y mejor pacto con nosotros, no piensas que el Espíritu Santo quiere soplar Su viento sobre Su pueblo? Ezequiel está profetizando con seguridad porque él se encuentra muy cerca de Jesús y el tiempo de su profecía ocurrió inmediatamente después que fue mandado. Ezequiel está hablando la Palabra de Dios, al lado de Dios y en el tiempo de Dios. Esta es una lección de como profetizar con seguridad. Antes de profetizar el Verbo tiene que ser carne en tí. Nadie quiere escuchar a Jesús decirle "Nunca os conocí; apartaos de mí, hacedores de maldad."

Pero Jesús ¿No profeticé en tu Nombre? Así lo hizo la muchacha con el espíritu de adivinación en el libro de los Hechos, y ella profetizó cien por ciento con precisión, pero ella estaba poseída del diablo. Dios usó a Pablo para liberarla, lo cual puso a Pablo en la cárcel. El tema es el Verbo haciéndose carne y manifestando el misterio de la piedad. Todos los que viven piadosamente tendrán gran satisfacción, la piedad con satisfacción es gran ganancia. El misterio de la piedad es el Verbo haciéndose carne. Cuando el Verbo se hace carne en nosotros, vivimos piadosamente lo cual provoca persecución y a la misma vez gran bendición. Nuestra satisfacción está basada en la verdad que Jesús nunca nos dejará ni nos abandonará. Por lo tanto, cuando venga la persecución por causa de la Palabra, el Verbo hecho carne no nos dejará y nos damos cuenta que ganamos la única cosa que verdaderamente tiene valor. Ganamos a Jesús. A Pablo no le importaba perder para verdaderamente ganar, él mismo dijo "morir es ganancia." Ganar no es lo que podemos obtener pero es cuanto podemos dar. Entregar nuestra vida por Jesús es la más grande ganancia. La gracia de la ganancia bíblica es impresionante, porque no se trata de nosotros sino de Jesús. Que aprendamos ganar a Jesús y dar un testimonio certero a los que estan a nuestro alrededor de quien Él es y como Él es.

Los huesos secos vivificados son un tipo y sombra de la resurrección de los muertos, y también son parte del misterio de los seis-pliegues de la piedad. La piedad marca el comienzo de la persecución, y la persecución nos permite ver si estamos arraigados en Cristo, y si hemos construido nuestra casa sobre la Roca. Nuestra Casa es la fuente de agua viva y no hay nadie como nuestro Jesús. De la misma manera que nuestras casas físicas tienen cañas de agua, nuestras casas espirituales tienen el agua viva que fluyen de ellas.

Capítulo 11

Posicionarnos Para que La Palabra No Sea Robada

En la parábola de la Semilla y el Sembrador, el contexto no es una iglesia grande con un predicador famoso, y la semilla no es tu dinero. El Sembrador es el Hijo de Dios, la semilla es la vida de Su Palabra, y el ladrón es el diablo. Vemos en la historia de Job que el enemigo ataca la salud, las riquezas y la familia para que Job comprometiera la Palabra y maldijera a Dios, porque ya Dios ha maldecido al enemigo. Entonces Satanás está tratando de que Job participe de su misma esencia robándole la Palabra de Dios. Satanás fracasó; Job fue restaurado siete veces más de lo que tuvo previamente. Aún sus hijas recibieron herencia que era una práctica anormal en aquellos días.

¡Si leemos la Bíblia vemos que Jesús gana! Jesús describe nuestro adversario el diablo.

> *"El ladrón no viene sino para hurtar y matar y destruir; Yo he venido para que tengan vida, y para que la tengan en abundancia"* (Juan 10:10).

Carencia y enfermedad son del diablo; pobreza y dolencia son el plan de retiro del pecado con el fuego eterno. Jesús es abundante en todo sentido por eso lo dilatado de Su imperio y la paz no tendrán límite. Jesús es eternamente abundante en todo lo que Él hace, pero nunca cambia. Él es más que sorprendente; Él es Dios encarnado. Él es poderoso para hacer todas las cosas mucho más abundantemente de lo que pedimos o entendemos, según el poder que actúa en nosotros. Jesús obró a través de la obediencia de Sus discípulos alimentando a miles de personas y los discípulos recibieron cestas de comida que sobraron para llevarse a casa. ¡Esto fue comida rápida sobrenatural! Tenemos que estar llenos del Espíritu Santo, repito la abundancia es normal para Dios. Somos llenos al nivel que nos desbordamos sobre otros. El ladrón, que viene a robar la Palabra tiene tácticas las cuales no son nuevas. Un espíritu familiar que conoce tu comportamiento puede venir a ti de una manera desconocida. Sin embargo, el enemigo no tiene nuevas tácticas.

Jesús no nos hubiera dicho la parábola del sembrador y no explicarnos en la Escritura como posicionarnos para no ser víctimas del robo. Robarle a Dios en los diezmos es una manera en que el enemigo tiene entrada a nuestras vidas. Existen muchas cosas que un creyente hace en ignorancia que le da entrada legal al enemigo, si habláramos de ellas este libro se volviera una enciclopedia. Sin embargo, estamos hablando sobre 'posición' y también 'proximidad.' Aprendí la palabra "proximidad" de un pastor en Pennsylvania y nunca la he olvidado.

Este tópico es muy claro en la historia de María y Marta. María se sienta a los pies de Jesús, y Marta está afanada y ocupada sirviendo. Marta tiene la carga de acusar a María, pero María tiene la carga de escuchar a Jesús. Jesús reprendió a Marta. El punto no es que María no tenía un corazón de sierva, ella estaba más interesada en Dios que en servir comida caliente. Los que tienen una mentalidad de 'obras' tienen la tendencia de acusar a otros. Muchos usan el relato de Marta y María para salirse de su obligación de servir a otros, pero el Hijo de Dios no vino para ser servido sino para servir. El punto es precisión, cuando Jesús está hablando no es el tiempo de servir pero es el tiempo de escuchar y prestar especial atención.

"Respondiendo Jesús le dijo: Marta, Marta, afanada y turbada estás con muchas cosas. Pero sólo una cosa es necesaria; y María ha escogido la buena parte, la cual no le será quitada" (Lucas 10:41-42). La madera, el heno y la hojarasca todo será quemado. Marta estaba engañada pensando que lo que ella hacía estaba bien, cuando en realidad estaba mal. Una persona que opera bajo engaño tiene tendencia a convertirse en un acusador, el diablo es el engañador y el acusador, por lo tanto operan juntos. Nos podemos dar cuenta que esto era el alma de Marta, no un espíritu demoníaco, porque si así hubiera sido Jesús lo hubiera confrontado. Jesús sabe todo lo que tú sabes. Marta está viviendo su vida Cristiana en la carne y Jesús la reprende. En la esfera de proximidad o cercanía a Jesús, María está más cerca porque ella está a Sus pies. Ella está baja cerca de Sus pies, por lo tanto, está posicionada en un lugar bajo. Esto habla de verdadera humildad. Tal vez una gran ilustración de falsa humildad es estar ocupado sirviendo a Dios, pero sin prestarle ninguna atención a Su voz.

María no reprende a Marta porque sus ojos están fijados sobre el que ella ama. María es una ilustración del primer amor; Marta es una ilustración de la pérdida del primer amor, o de alguien que nunca lo tuvo. Cuando Jesús dice "sólo una cosa es necesaria", necesaria significa negocio, requisito y un empleo necesario. María estaba cumpliendo con su trabajo, preocupada en su propio negocio. Ella estaba sentada a Sus pies, escuchando Su palabra. Sin embargo, Marta estaba haciendo algo noble. Estaba preparando alimento para el pueblo de Dios, lo cual es algo bastante admirable. Pero María ya estaba comiendo mientras Marta estaba ocupada preparando la comida. Entonces Jesús dice algo muy interesante, es esto; "María ha escogido la buena parte, la cual no le será quitada." Esto es tremenda declaración, una de las más audaces de la Bíblia. Cuando Jesús hace referencia a lo que no le será quitado, Él está hablando de Su Palabra. María se ha posicionado en una manera que debemos de tomar apuntes y aprender de ella. María, en proximidad está muy cerca y próxima al Señor Jesús y su visión está completamente enfocada. María no le dice nada a su acusadora. Ella no se defiende porque conoce a su defensor. Su posición es baja a Sus pies, qué refleja su humildad. Las prioridades de María están correctas y los resultados serán correctos. El Rey más rico es su empleador. Ella nunca estará desempleada, ni será despedida. Cuando Jesús declaró que ella ha escogido la buena parte, la cual no le será quitada, Él lo dijo en serio. La Palabra fue recibida y producirá fruto. ¡En mi opinión personal, me parece que María produjo a ciento por uno por la exposición de la semilla al Hijo de Dios! Hay un grupo específico de personas en las Escrituras que se encuentran a los pies de Jesús. Algunos son Daniel, Ezequiel y Juan, el Revelador. María, la mujer que ungió los pies de Jesús, que dondequiera que se predique este evangelio, en todo el mundo, también se contará lo que ella hizo, para memoria de ella. Le tengo sincero afecto a las personas que se encuentran a los pies de Jesús. Mi actividad favorita es pasar tiempo con Jesús. El lugar de luz o de revelación se encuentra a los pies de Jesús. Alguien que tiene revelación tiene que estar solamente enfocado en Jesús. Estas son las personas en quién Jesús puede confiar, son los que pueden administrar los misterios de Dios, y son las personas que otros quieren acusar. El diablo odia a estas personas, porque él no puede robarles y ellos entregan sus vidas por voluntad propia, las cuales el diablo no puede destruir. Juan, el Revelador tenía la carga de poner su cabeza sobre el pecho de Jesús. Juan anhelaba estar cerca de Jesús y también estuvo presente en la crucifixión. Llegó a la tumba antes que Pedro, vivió más que ningún otro discípulo y recibió la Revelación de Jesucristo estando en el exilio. Daniel obtuvo tanta revelación profética que Dios le dijo que cerrara el libro hasta el tiempo del fin. Daniel también estuvo a los pies de Jesús. En el libro de Apocalipsis hay algo muy interesante con respecto a estar a los pies de Jesús que cambió mi vida para siempre. Me dió el entendimiento de porqué yo hacía algo específico sin saber el porqué lo hacía. *"Cuando le vi, caí como muerto a sus pies. Y Él puso Su diestra sobre mí, diciéndome: No temas; Yo soy el primero y el último"* (Apocalipsis 1:17). En este versículo la palabra "caí" literalmente significa 'caer suavemente sobre algo'. Fue después de caer como muerto que Juan recibió la Revelación para las siete iglesias. El Señor Jesús pudo confiarle a Juan Su novia por el compromiso que Juan tenía con Él. Juan lo vió y cayó como muerto a Sus pies. La mujer quebró el frasco de alabastro y lo derramó sobre Él porque ella percibió quien Él era y lo que le iba a suceder. María se sentó a Sus pies. Me pregunto ¿Si Marta vió a Jesús? Verdaderamente creo que si Marta hubiera visto a Jesús, ella hubiera estado a Sus pies también. ¿Vemos nosotros a Jesús?

No me gusta que me roben, creo que a nadie le gustaría. Entonces, porque esforzarse para alcanzar algo si se lo van a robar de todas formas. El hecho que las Escrituras nos enseña como guardarnos del robo debe darnos gran gozo. Verdaderamente Dios es bueno, no es simplemente un lema de la iglesia. Lo digo como un chiste pero he escuchado muchas enseñanzas en las cuales la perspectiva de las personas de Dios es horrible. Esto me enseña que ellos han sido robados y están ofendidos. Si estamos ofendidos es una indicación que necesitamos arrepentirnos y renovar nuestra manera de pensar, una vez y para siempre.

María, la madre terrenal de Jesús guardó la Palabra de Dios en su corazón, esto le dió a la semilla tiempo de crecer. Esto es algo muy sabio de hacer. Tenemos que meditar en el libro de la ley de día y de noche, para premeditar en la justicia. Nuestro corazón tiene que ser tierra fértil para que la semilla crezca. La semilla también crece con el riego del Espíritu Santo y con el contacto directo de la luz del Hijo de Dios. María no solamente escuchó la Palabra de Dios, sino que también estaba en la presencia de Dios. El gran problema que tenemos hoy en día es que escuchamos la Palabra de Dios con muy poca presencia. Nuestros corazones están llenos de muchas otras cosas y no tomamos el tiempo para meditar en la Palabra. Necesitamos la presencia de Dios, por eso fue que a María no le fue robada su parte porque lo que ella había escogido no se le podía robar. Ella estaba escuchando la Palabra en la presencia de Dios. Jesús nunca habló o escuchó la Palabra fuera de la presencia de Dios. Necesitamos aprender de Él, ¡Él lo sabe todo! Si aprendemos de Él, Él nos enseñará a hacer mayores obras que las que Él hizo. Sin embargo, el siervo no es mayor que su Señor. Jesús es la persona mas humilde que conozco y pienso que no existe mejor lugar que a Sus pies. Las vírgenes prudentes saben donde buscar el aceite y también saben en quien gastarlo. Estar a los pies de Jesús te mantendrá humilde y te enseñará como temblar. El punto que siempre promuevo es que las personas pasen tiempo personal con Jesús. El esposo y la esposa no tienen intimidad en público pero en privado. Nuestra fecundidad se cumple cuando nos apegamos al deseo del Novio. Su deseo es este: *"Levántate, oh amiga mía, hermosa mía, y ven"* (Cantar de los Cantares 2:10, 13). Para levantarnos en denuedo tenemos que estar con Él. Es Su voz la que nos lleva a las profundidades de Su presencia.

"Entonces viendo el denuedo de Pedro y de Juan, y sabiendo que eran hombres sin letras y del vulgo, se maravillaban; y les reconocían que habían estado con Jesús" (Hechos 4:13). No fue su elocuencia o habilidades para debatir pero el denuedo que le dejó ver al mundo religioso que ellos habían estado con Jesús. Jesús fue mostrado porque ellos lo conocían. Cuando los Romanos vinieron a buscar a Jesús, Él dió un paso al frente, ellos retrocedieron y cayeron en tierra entonces Jesús les dijo "Yo soy." Muchos necesitan pasar tiempo con Jesús y no retroceder de el que los está buscando. Jesús nos hará audaces, no tenemos que esperar en la línea de impartición. Esto es bueno, pero lo mejor es negarnos a nosotros mismos y buscar tiempo con El que redime el tiempo. Yo creo en la impartición y en la sanidad pero también se que las vírgenes prudentes no compran aceite de las otras vírgenes. La lección aquí es que el hombre no es nuestro recurso. Si eres una vírgen prudente te unirás a las otras cuatro vírgenes que salieron a encontrar al Novio, y terminar al pie de la cruz. Recuerda que solamente hubo cinco personas al pie de la cruz de Jesús. Tenemos aceite en nuestras lámparas para que nuestra luz brille en las tinieblas. Cuando las tinieblas cubrieron la faz de la tierra durante la crucifixión de Jesús, cinco vírgenes prudentes brillaron su luz delante de los hombres mientras que iban a encontrar al Novio.

Capítulo 12
Guardandando La Palabra

La Palabra de Dios es sembrada en la tierra del corazón del hombre. Por eso el Profeta Oseas dijo *"Sembrad para vosotros en justicia, segad para vosotros en misericordia; haced para vosotros barbecho; porque es el tiempo de buscar a Jehová, hasta que venga y os enseñe justicia"* (Oseas 10:12). Jesús es nuestra lluvia de justicia. La mayoría de las personas tienen mucha dificultad para escuchar la voz de Dios porque no saben como hacer barbecho (cultivar la tierra). El Profeta Jeremías también tuvo algo que decir sobre el tema de hacer barbecho, porque esto contiene algo que ahoga la semilla.

"Porque así dice Jehová a todo varón de Judá y de Jerusalén: Arad campo para vosotros, y no sembréis entre espinos. Circuncidaos a Jehová, y quitad el prepucio de vuestro corazón, varones de Judá y moradores de Jerusalén; no sea que mi ira salga como fuego, y se encienda y no haya quien la apague, por la maldad de vuestras obras" (Jeremías 4:3-4).

Jeremías está hablando de sus corazones como el barbecho que necesita ser arado, y no solamente eso, pero él está diciendo que sus corazones están impuros con espinos. Muchos han analizado los problemas que la iglesia confronta, pero en resumidas cuentas es en el corazón del hombre donde está el problema. Si nuestro corazón está puro y bien, la semilla de la Palabra crecerá en nosotros. Mientras la semilla crece, Cristo es formado en nosotros y esto nos da un corazón contrito y humillado. Un corazón contrito y humillado es un corazón que oye y siente. Un corazón que verdaderamente oye siempre escuchará y obedecerá. En la parábola del Sembrador, cuando la Palabra es sembrada, es una persona, no una escritura ni una teoría teológica. Es Jesucristo Mismo. La evolución del crecimiento de la semilla es la Palabra cayendo en buena tierra y creciendo en nosotros. Esto es nada más y nada menos que "Cristo en vosotros, la esperanza de gloria." La Palabra recibe la lluvia del Espíritu Santo y comienza el crecimiento. Antes de que ocurra algún crecimiento, la semilla tiene que ser sembrada en la tierra y la cáscara de la semilla se tiene que abrir. La vida de la semilla penetra la tierra y entonces la lluvia y la luz del sol la hacen crecer. Después del tiempo obtenemos el fruto de la semilla que fue sembrada. El Sembrador y la Semilla son la misma cosa porque Él sembró Su misma vida. La semilla no es simplemente un buen sermón. Muchos hombres pueden predicar un buen sermón, pero sólo Jesús fue digno de pagar con Su vida para que pudiéramos recibirlo y ser partícipes de Su naturaleza divina. Muchos Cristianos hablan de encontrar su propósito pero están perdidos. ¿Cómo puede una persona perdida encontrar su propósito? Su verdadero propósito debe ser perder su vida para poderla encontrar. Jesús es vida. Conocerlo y darlo a conocer es la sencillez de Cristo. Se trata solo de Él. Cuando el Verbo le abrió las Escrituras a los discípulos, se dieron cuenta de que verdaderamente se trataba solo de Jesús. Fue entonces que Él pudo confiarles el verdadero poder, el cual les ocasionó no amar sus vidas. Antes de sembrar la semilla se tiene que preparar la tierra y sacar los espinos, y llevar a cabo una circuncisión del corazón por medio de la Palabra que divida el alma del espíritu. Definitivamente no necesitamos espinos en el corazón. La cabeza de Jesús fue violentamente traspasada con una corona de espinos, y Él no los quiere ahogando Su vida en tu corazón. La vida de Jesús pagó el castigo del pecado. La paga del pecado es muerte por eso Jesús dió Su vida. La sangre de Jesús pagó por nosotros. El regalo de nuestra salvación es gratis, pero a Dios le costó la vida de Su Hijo. Su Nombre es el Verbo de Dios. Jesús rompió el poder del pecado para que nosotros no estemos bajo maldición. También rompió el poder de la muerte, ¿porqué debemos temer? Tiene heridas eternas para nuestra sanidad, ¿porqué estar enfermos? Hay riquezas inescrutables en Cristo Jesús, ¿porqué vivir en pobreza? Cuando las naciones se burlan, el que mora en los cielos se ríe, ¿porqué estar deprimido? Nosotros como la iglesia en conjunto, no tenemos una profunda revelación del sacrificio del Señor Jesús. Por lo tanto, solo se nos puede confiar muy poco de las riquezas de Su Palabra y como aplica a cada área de nuestras vidas. Mientras más fieles seamos, más Dios confiará en nosotros; esto es explicado muy claramente en la parábola de los Talentos.

La Palabra tiene que ser guardada porque la Palabra también nos protege de ser partícipes de lo que Jesús nos ha liberado. La paga del pecado es muerte, el pecado es una inversión cara y horrible. En America matan salvajemente a un bebé en un matadero de abortos por menos de $1,000. Probablemente existen personas que han acumulado deudas de tarjetas de crédito por matar múltiples niños. Las drogas también acabarán con tu bolsillo. El materialismo te dejará en serias deudas. El pecado sale caro, Jesús pagó un alto precio por nosotros y tenemos que guardar nuestros corazones. Cuando un corazón está guardado está lleno de la Palabra.

La Palabra de Dios está sembrada en la tierra de nuestros corazones, el Salmista dijo; *"En mi corazón he guardado tus dichos, para no pecar contra ti"* (Salmo 119:11). El pago por el pecado fue el Verbo hecho carne; el que nos guarda del pecado es el Verbo que habita en nosotros. Salomón dijo, *"Sobre toda cosa guardada, guarda tu corazón; porque de él mana la vida"* (Proverbios 4:23).

El corazón es algo que tiene que ser constantemente guardado y conservado. De hecho, en el Nuevo Testamento está la coraza de justicia que guarda el corazón. La justicia solo se puede alcanzar mediante la sangre del Cordero, esa sangre nos hace justos. El acto que nos ha hecho justos también guarda a Su propia vida en nosotros.

El corazón es tan delicado, que el Señor simplemente nos da uno nuevo en vez de reparar el viejo. He escuchado a muchos Cristianos decir que "engañoso es el corazón más que todas las cosas, y perverso; ¿quién lo conocerá?" Jesús estaba completamente consciente de esto, por lo que en el Nuevo Pacto nos prometió un nuevo corazón de acuerdo a Ezequiel 36:26: *"Os daré corazón nuevo, y pondré espíritu nuevo dentro de vosotros; y quitaré de vuestra carne el corazón de piedra, y os daré un corazón de carne."* Verdaderamente este corazón no es engañoso ni perverso. El nuevo corazón se puede quebrar pero Él lo vendará. También se puede ensuciar un poco entonces Él lo santifica. El Señor espera nuestra participación y esa participación se llama discipulado. Todo se trata de Él, podemos decir que Él lo hace todo, pero nosotros somos los guardianes de lo que Él nos ha entregado. Nosotros decidimos 'quien' y 'que' permitimos que entre a lo que Dios nos ha dado. Aprendemos de Jesús que la contaminación proviene de adentro, del corazón. Judas traicionó a Jesús desde adentro, del grupo más cercano. Si quieres ver cuan corrompidas están las personas, simplemente escucha como hablan. He escuchado a Cristianos hablar peor los unos de los otros que a los ángeles hablar del diablo. Yo mismo he tenido que llorar por mi participación en este tipo de comportamiento insensato. El libro de Hebreos contiene buenas ilustraciones de lo que es la contaminación. *"Mirad bien, no sea que alguno deje de alcanzar la gracia de Dios; que brotando alguna raíz de amargura, os estorbe, y por ella muchos sean contaminados"* (Hebreos 12:15). La Iglesia habla de los demás, de los pecadores y de los líderes de nuestra nación. Es muy interesante ver que Jesús nunca habló mal del César, ¿porqué? Jesús lo habia nombrado como César, ¿porqué iba Jesús a hablar de alguien que Él mismo habia nombrado para algo? Toda la autoridad proviene de Dios, porque Él creó todas las cosas. Así que si Él quiere destronar a alguien, lo hará. Dios lo hizo en Hechos capítulo 12, cuando el Ángel del Señor hirió de muerte a Herodes frente a un grupo de personas. Leer Hechos 12:2-24. Mira como Daniel le habló a un rey que trató de hacerlo postrarse a cometer idolatría. Él le habló a este rey pagano con respeto llamándolo "su majestad", sin embargo, no se postró para adorarlo. Daniel se adhirió a la ley de Dios y no comprometió lo que Dios le dijo que él tenía que decir o hacer, y le habló con respeto y honra al rey. La manera que Daniel habló motivó al rey a ayunar y orar para que Dios salvara a Daniel de la ley que él mismo había decretado. Daniel no habló cosas malas de un rey malvado. Hablar cosas malas de alguien que es malvado no ayuda a esa persona en nada, sin embargo la oración si ayuda. También una representación verdadera de quién Jesús es.

El hombre de doble ánimo será infiel nueve de diez veces. Es crucial que cultivemos la tierra de nuestros corazones no sea que desmayemos en el día de la adversidad. La tensión que se aproxima en breve sobre la faz de la tierra causará que los corazones de los hombres desmayen si no tienen una relación con Dios. A mi entender estamos en el "principio de dolores" de Mateo 24:8. Es el tiempo de quebrantar nuestros corazones para que no desmayen en la próxima temporada, los días de Noé o en el fin. El principio de dolores es para prepararnos para los Días de Noé y el regreso del Señor Jesús. Cómo nuestros corazones estén guardados en esta temporada determinará nuestra estancia eterna. Tenemos que prestarle atención a las palabras de Salomón y con diligencia guardar ambos la vida y la sabiduría de Dios fluyendo de nuestros corazones. Si no hacemos esto, entonces problemas, ofensas y corrupción fluirán de corazones contaminados. Nuestros corazones se llenan por lo que vemos y oimos. El castigo de nuestra paz fue sobre Él, la paz de Dios que Jesús da gratuitamente guardará nuestros corazones y pensamientos en Cristo Jesús. El precio que Él pagó para que tuviéramos el regalo de Su paz es sensacional. Fue castigado y torturado para que Su vida fuera protegida en nosotros. Murió para vivir en nosotros, y vive para interceder por nosotros. Jesús nos da talentos para que podamos representar Su bondad a los que están a nuestro alrededor. Nuestros corazones tienen que permanecer sensibles, para poder perdonar y ser perdonados. Un corazón tierno no guarda ofensa; es un corazón apasionado en el cual el mismo Verbo de Dios habita. Si no estás hablándole a otros de Jesús es probable que Él no vive en ti o los espinos lo están ahogando. Jesús recibe todos los golpes de nuestras malas decisiones, como Moisés cuando se enojó con el pueblo y golpeó la Roca. Pablo nos dijo, que la Roca era Cristo. *"Y todos bebieron la misma bebida espiritual; porque bebían de la Roca espiritual que los seguía, y la Roca era Cristo"* (1 Corintios 10:4). El pueblo bebe y Cristo es golpeado. Ya Jesús ha pagado por todas nuestras malas decisiones, sin embargo, no hay necesidad de seguir haciendo más. La Palabra que guardamos en nuestros corazones también nos guarda del pecado. La Palabra que estudiamos también nos estudia a nosotros. La Palabra que discernimos también nos discierne a nosotros. La Palabra que nos guarda del pecado también nos guía en el camino a la eternidad. Rehusa ser ofendido, perdona y permanece en la Palabra. Jesús dijo, "Si me amáis, guardad mis mandamientos." Para que la Palabra sea guardada tiene que ser recibida y cultivada. Constantemente tenemos que ser lavados y santificados manteniendo el corazón tierno, para poder recibir de Dios y poder perdonar a otros. Nuestro corazón es el tablero de dibujo del Autor, y Él solo dibuja en un tablero limpio. Un corazón limpio es el único corazón que tiene acceso a Su presencia. *"¿Quién subirá al monte de Jehová? ¿Y quién estará en Su lugar santo? El limpio de manos y puro de corazón; el que no ha elevado su alma a cosas vanas, ni jurado con engaño"* (Salmo 24:3-4). En la presencia del Señor es donde todo cambia, es donde hay gozo indescriptible y donde somos fuertes. Es el lugar donde la carne de todo verdadero creyente anhela estar.

Capítulo 13
Por Quién Dios Trae Su Palabra

La religión siempre nos trata de descalificar, Satanás siempre está esperando para acusarnos, y Jesús es nuestro abogado viviendo siempre para hacer intercesión por nosotros. Lo que pensamos que nos descalifica, en realidad es lo que nos califica. Hombres fuertes no han sido escogidos, sino que lo necio del mundo escogió Dios para avergonzar a lo fuerte; y lo vil del mundo y lo menospreciado escogió Dios a fin de que nadie se jacte en Su presencia.

La Santa Biblia consiste de 66 libros, por lo menos 20 de esos 66 fueron escritos por asesinos. Moisés que asesinó a un Egipcio escribió los primero cinco libros. David quien escribió la mayor parte de los Salmos era un asesino y un adúltero. Un asesino conocido en un tiempo como Saulo, quien se convirtió en Pablo por la voluntad de Dios, escribió 14 de los 27 libros del Nuevo Testamento. Pablo no era solamente un asesino, porque él asesinó a un joven predicador inocente mientras que predicaba la palabra de Dios. Él fue responsable cuando Esteban fue apedreado. Pablo era similar a un terrorista o un abortista por el simple hecho que derramaba sangre inocente. Esos inocentes bebés no han echo nada malo al igual que Esteban. También Salomón que era un gran bebedor y mujeriego escribió tres libros de la Biblia. Mateo era un publicano antes de su conversión; un publicano era un recaudador de impuestos. Eran conocidos por extraer o recoger más de los impuestos que se debían. Aquí tenemos a un hombre que le robaba al pueblo de Dios, y ahora está siendo usado para darles la única cosa que tiene algún valor, el Evangelio. Al igual que Pedro, el líder escogido del movimiento de Jesús, hoy en día hubiera tenido cargos federales por haberle cortado la oreja a un soldado. El punto es que no estamos descalificados. Dios todavía quiere usarnos, pero Él quiere que lo conozcamos primero. Dios existe por Sí mismo y no necesita a nadie, pero nos escogió por amor y por Su puro deseo, no porque nos necesitaba. Dios no tiene necesidades; Él es auto-suficiente y auto-existente. Sin embargo, escogió amarnos para que tuviéramos el beneficio de conocerlo, no porque no podía hacerlo sin nosotros. Sólo Dios, por Su amor inagotable, puede usar hombres pecaminosos, falibles y pecadores imperfectos para hacer un libro que es infalible. Con personas imperfectas, personas que no cumplen, personas que tienen necesidades y carencias, Dios nos da un libro que tiene todas las cosas que pertenecen a la vida y a la piedad. Estos hombres no siempre estaban inspirados por Dios, la mayoría del tiempo estaban inspirados por su propia carne, enojo, lujuria y avaricia. Sin embargo, toda Escritura es inspirada por Dios traida por hombres que indudablemente no siempre estaban inspirados por Él. ¿Quién es como nuestro Dios, que hace 100 por ciento de éxito con 100 por ciento de fracaso?

Dios usó a Jonás y Jonás no quería ser usado por Dios. Jonás quería que Dios juzgara al pueblo y Dios quería salvarlos y enviar un avivamiento a Nínive. No creo que la oración sea la clave para un avivamiento, o América ya estaria en avivamiento. Conozco a personas que viven para orar. Jonás no oró por un avivamiento, en todo caso, oró para que no sucediera. Dios es la clave para el avivamiento. No estoy minimizando la oración de los creyentes. Simplemente, estoy diciendo que Dios está en control. Si la oración hubiera sido la clave para el avivamiento, entonces Nínive hubiera estado sin suerte, porque el profeta que estaba supuesto a interceder quedo desilusionado con el arrepentimiento y el avivamiento que se llevó a cabo. Conozco a muchas personas que están dispuestas a estar tres días en el vientre de un pez por un avivamiento, por no hablar de correr del avivamiento como Jonás. No tengo idea porque Jonás no quería un avivamiento. Jesús lloró sobre Jerusalén porque Él queria juntarlos como la gallina a sus polluelos debajo de sus alas, pero ellos no quisieron. En un mover de Dios, las personas se sanan, algunos se vuelven ricos, los perdidos se salvan y se levanta gran persecución. Más que nada, Jesús es bienvenido en Su iglesia otra vez. Simplemente no entiendo a Jonás. Sin embargo, a Dios no le importa si entiendo a Jonás o no, Él escogió usarlo y punto. ¡Dios te ha escogido a ti! ¿Participarás?

Las personas que Dios usa para llevar Su Palabra y traer el Fuego de Dios a una ciudad te desconcertará. Mira al profeta Elías, oró por fuego del cielo, degolló a los falsos profetas de Baal, y después huyó de Jezabel. Entonces Jesús lo tiene como invitado especial con Moisés en el Monte de Transfiguración. La Ley vino por Moisés. Ya él era un asesino mientras escribía la Ley con sus propias manos. El mismo problema de ira que lo ocasionó a matar al Egipcio lo llevó a arrojar y quebrar las tablas de la Ley después de haber estado 40 días en la Presencia gloriosa de Dios. Dios quería destruir al pueblo de Israel y hacer una gran nación para Moisés pero él tenia la gran carga de estar en la brecha por el pueblo. Dios tuvo en gran estima la opinión de este homicida para no destruir al pueblo. Verdaderamente mira cuan bueno es Dios. Su gran bondad en querer salvar personas que no lo merecian que literalmente ofendió a Jonás.

Dios habita por toda la eternidad. El cielo es Su trono y la tierra estrado de Sus pies. Mora en luz inaccesible y aún nos dice en Su Santa Palabra que nos acerquemos confiadamente al trono de la gracia. Justicia y juicio son el cimiento de Su trono. El altar es misericordia y el trono es gracia. Él que se sienta en el trono es Santo. Sus caminos son más altos que nuestros caminos. Son muy profundos de entender, sin embargo, Él desea que caminemos en ellos. Este inagotable Dios usa nuestras debilidades, fracasos y insensatez como si fueran títulos universitarios. Fíjate en los hombres que escogió en la Biblia. Este Dios eterno usa hombres finitos para traer Su Palabra infalible. Dios que es constante y perfecto usa hombres imperfectos y por medio de esa imperfección salen las Sagradas Escrituras – haz la matemática. ¿Cómo algo que es santo y que proviene de un ser Santo es dado a hombres mortales que necesitan un Salvador? Entonces tenemos un libro infalible – la Biblia. Verdaderamente esto fascina mi corazón, el pensar como Dios desempeña Su perfecta voluntad a través de criaturas imperfectas tales como los personajes de la Biblia y aún tú y yo. Todas las cosas que pertenecen a la vida y a la piedad nos han sido dadas por Su divino poder, mediante el conocimiento del Hijo de Dios, Jesús el Cristo. La Escritura por sí misma no nos puede salvar, sino cada persona que entró a un cuarto de hotel en los Estados Unidos fuera salvo – Gracias Señor por los Gedeones. De la misma manera que los hombres por sí mismos no pueden haber escrito las Escrituras; es la misma manera que el hombre natural no puede entenderla porque no está redimido. Es tan simple como un Chino hablarle a alguien que nada más habla Inglés sin intérprete, sin ayuda divina no sucederá nada. Deseo que un Escriba o un Fariseo hubiera sido impactado por el Espíritu Santo. Un momento, Pablo si fue impactado y fue muy efectivo. La Ley y los Profetas estaban marcados en el corazón de Pablo; es muy evidente en sus epístolas a las Iglesias. Creo que la gran parte del éxito del ministerio de Pablo tuvo que ver con la voluntad de Dios, el poder de Dios, y que la Palabra o la Ley de Dios fue completamente abierta a él. El Verbo se hizo carne por lo cual Jesús ofreció Su vida para el avance del Evangelio.

De Pablo el asesino a Pablo el Mártir – muchas cosas suceden cuando la Palabra se nos abre y el Espíritu Santo se nos manifiesta. Pablo el Apóstol lo explica en la Escritura, cuando se abrió el Antiguo Testamento. Felipe convenció al Eunuco Etíope con el libro de Isaías, explicándole quien era verdaderamente Jesús.

¡La moraleja de la historia es que nuestros fracasos del pasado no nos descalifican! Sus misericordias son nuevas cada mañana. El Hijo de Dios quiere fecundarnos con la semilla de Su misma vida, quiere usarnos para que traigamos Su Palabra a los que no la han oído.

El Evangelio tiene que ser predicado, hemos sido nombrados, consagrados, comisionados y mandados. ¡No es una opción, es un honor! El hecho de que Él nos usa nos debe mantener muy agradecidos, verdaderamente humildes y sinceros sin ofensa hasta el día de Su venida.

De ninguna manera estoy promoviendo el pecado o dándote licencia para pecar. Simplemente estoy diciendo que si venimos de todo corazón al Señor, Él está dispuesto a cambiarnos, transformarnos y conformarnos a Su imagén. La Gracia no es barata, le costó a Jesús Su vida para poder darnosla gratuitamente. El precio es tan alto que verdaderamente deberiamos apreciarlo y volvernos de nuestro pecado de una vez y para siempre. *"Hermanos, yo mismo no pretendo haberlo ya alcanzado; pero una cosa hago: olvidando ciertamente lo que queda atrás, y extendiéndome a lo que está delante, prosigo a la meta, al premio del supremo llamamiento de Dios es Cristo Jesús"* (Filipenses 3:13-14). Sencillamente, estoy de acuerdo con Pablo. Olvida lo que queda atrás y extiéndete a Jesús.

Capítulo 14
Tu Palabra Es Verdad

Jesús está pronto a ir al Calvario en Juan 17. Estará expuesto y clavado en el madero, pero oró una oración que es un gran privilegio de aún poderla leer. En la oración, Él oró por varias cosas pero nos enfocaremos en una en específico. Aquí está, *"Santifícalos en Tu verdad; Tu Palabra es verdad"* (Juan 17:17). Jesús dijo: *"Yo soy el camino, la verdad y la vida."* La sencillez de aceptar a Jesús en Su Palabra es maravilloso. En el libro de Apocalipsis, Su nombre es el "Verbo de Dios." Parece ser todo acerca de Jesús. Si, estimado lector, estás correcto. El asunto es que el Verbo es una persona y la Verdad también lo es. Él está orando cuando va a ser destrozado, azotado, escupido y burlado. Jesús le está hablando al Padre sobre nuestra santificación a minutos de convertirse en pecado por nosotros. Muy pronto Jesús se convertíria en maldición colgado de un madero a nuestro favor. Y aquí Jesús está hablando de santificación. Casi nunca oímos esta palabra en la Iglesia, y en seis años de Iglesia, no estoy seguro si he escuchado dos sermones sobre este tópico. ¡En realidad no lo he oído! Pablo dijo, *¿Me he hecho, pues, vuestro enemigo, por deciros la verdad?* (Gálatas 4:16). La Verdad hace enemigos y la cruz tiene enemigos. La Verdad es que Él fue a la cruz y se hizo pecado para que seamos santos. Jesús es odiado. El amante supremo es odiado por hombres que sólo piensan en lo terrenal, cuyo dios es el vientre, el fin de los cuales será perdición. Lo más espléndido sobre Jesús es Su gran amor por nosotros. Después de todo ser odiado no es tan malo, Él fue odiado y si Él vive en nosotros, entonces seremos odiados también.

Las Palabras del Dios vivo son espíritu y son vida. Jesús envió el Espíritu de Verdad para que habitara en nosotros. Su Palabra es verdad, Su mismo aliento de vida es verdad, y el color de la verdad es luz. Realmente creo que Jesús desea que estemos limpios; esto es algo muy serio para Él. Nuestras vestiduras no pueden estar sucias. Podemos vestir un traje muy costoso pero si tiene una mancha, no tiene ningún valor. La Verdad que nos santifica, nos guarda sin macha del mundo. Esto es algo tremendo para Jesús. Él oró por esto estando pronto a la muerte; probablemente la santificación estaba en Su corazón. Porque de la abundancia del corazón habla la boca.

Estamos llamados a completa santificación, en nuestro espíritu, alma y cuerpo. Cada área de nuestras vidas debe estar santificada y consagrada al Señor Jesucristo. Nuestras vidas deben estar a plomo de acuerdo al nivel de la Santa Palabra de Dios. La Iglesia debe de amar la Verdad, y los que no reciben el amor de la Verdad estarán bajo un poder engañoso enviado por el mismo Dios. *"Y con todo engaño de iniquidad para los que se pierden, por cuanto no recibieron el amor de la Verdad para ser salvos. Por esto Dios les envía un poder engañoso, para que crean la mentira"* (2 Tesalonicenses 2:10-11). Podemos amar la Verdad, la cual Dios envió, o el mismo Dios nos enviará un poder engañoso. Recibe la Verdad en la persona de Su Hijo; recibe el derramamiento del Espíritu de Verdad, el cual Dios envió, o recibiremos gran engaño. La vida está llena de opciones, pero esto es pan comido. Tenemos que amar la Verdad aunque nos haga enemigos de otros. La Verdad hará algunos enemigos pero también algunos muy buenos amigos. No podemos tener el amor de Dios y no amar la Verdad de la Palabra de Dios, porque el amor se goza en la verdad. Pablo dijo algunas cosas muy buenas. Mira esto; *"Para que si tardo, sepas cómo debes conducirte en la casa de Dios, que es la Iglesia del Dios viviente, columna y baluarte de la verdad"* (1 Timoteo 3:15). Entonces habla del misterio de la piedad, que es el misterio de los seis-pliegues que discutimos brevemente en el capítulo 10. Pablo está hablando de la conducta de la Iglesia. Si él viera como se visten los jóvenes se caería del banco. Cuando el pueblo viene a la Iglesia medios desnudos, con ropa apretada a la piel y pantalones transparentes, es porque no están santificados y necesitan la Verdad. Si visitan por primera vez, deben ser amados y bienvenidos. Más las personas que asisten a la Iglesia continuamente deben ser reprendidas por esa locura. La Iglesia no debe ser una carnicería pero si columna y baluarte de la Verdad. La mayoría de los líderes no confrontan esto ya sea porque les gusta o porque son cobardes que tienen temor del hombre. Quizás su consciencia está cauterizada. Realmente no lo sé, pero Pablo diría algo. Yo soy un joven que salió del mundo, y el mundo salió de mí debido a que la Palabra mora en mis entrañas. Odio ver al mundo en la Iglesia. Estamos llamados a ir al mundo, no comportarnos como ellos esperando que entren a nuestras iglesias algún día porque somos como ellos. Una persona santificada se puede vestir modestamente sin que se le vea nada. No tengo ningún problema con ropa bonita o pantalones de mezclilla con hoyos siempre y cuando estemos tapados. El corazón del hombre es el terreno de la verdad, porque Dios desea que la verdad more en nuestro interior. Si estamos santificados desearemos lo que es limpio y puro. Las personas impuras aman los programas de televisión mundanos y la música que alimenta la carne. La música es limpia o inmunda, no es una zona indefinida. Es el Espíritu Santo o un espíritu inmundo. La música está de acuerdo con la Palabra de Dios o no. Cuando hemos sido santificados por la Palabra de Verdad, nuestro deseo es complacer a Jesús y no a nosotros mismos. Mientras nos santificamos por completo, el deseo de Cristo comienza a poseer todo nuestro ser. Le llamo a esto Cristianismo. El Cristianismo es tener a Jesús y Sus deseos, y rendirse a ellos por completo. No soy creyente de las listas de hacer y no hacer. Sin embargo, el amor tiene su lista de hacer y no hacer (ver 1 Corintios 13).

Estamos viviendo en una generación nupcial. La venida del Señor Jesús está cercana y estamos en una temporada que tiene dos objetivos. Creo que la Novia se está ataviando y la pureza es su meta más alta. Está trabajando en el campo e invitando a los perdidos que entren a las bodas. Hace conocer a su marido en las puertas, y no trabaja para sí misma ni su ministerio, pero lo está dando a conocer a Él. Esto solamente ocurre cuando el Novio habita en la Novia.

El terreno de la verdad no es un edificio, es un corazón; David vió esto de forma clara. Los ojos que han sido ungidos con el ungüento de Jesús pueden verlo y saben lo que Él desea. David, en el Salmo 51, ve alguno de los deseos del Señor; que privilegio.

"He aquí, Tú amas la verdad en lo íntimo, y en lo secreto me has hecho comprender sabíduria" (Salmo 51:6). La palabra 'amas' significa 'estar complacido' y 'deleitarse'. Jesús se deleita de vivir en nosotros y librarnos de nosotros mismos teniendo Su Verdad dentro de nosotros. Él se goza de nuestra libertad. Él está contento porque pagó un alto precio por comprar la perla. Somos Su perla de gran precio, lo vendió todo para comprarnos y somos el gozo puesto delante de Él. Está loco por nosotros. Si tan solo supiéramos cuanto pagó por

nosotros y cuanto piensa en nosotros estuviéramos deshechos para siempre.

Libertad viene a los que conocen la verdad. La Verdad desea vivir en nosotros y liberarnos por completo de nosotros mismos. Jesús dijo, *"Y conoceréis la verdad, y la verdad os hará libres"* (Juan 8:32). "Fue por libertad que Cristo nos liberó." El trabajo a tiempo completo del Espíritu Santo es mantenernos libres. Por eso la Palabra nos dice que no apaguemos al Espíritu Santo ni lo entristezcamos. Apagarlo y entristecerlo nos llevará a la esclavitud. Jesús vino lleno de gracia y la gracia fue dada para que estemos en ella. Ceñimos nuestros lomos con la verdad para que nuestros pantalones no se caigan cuando estemos de pie, no sea que quedemos desnudos y avergonzados.

Jesús es el camino, la verdad y la vida. La verdad es progresiva. La mayor parte de la Iglesia está llena de información y no de la verdad. Un hecho es que tienes dinero, la Verdad es un fuego ardiente que consumirá aún el lugar donde depositas tu dinero. Jesús es la Verdad, y continuamente se revelaba a Sus discípulos en diferentes formas. Se reveló a Juan en diferentes maneras. Un breve ejemplo es que Jesús es el Señor, lo cual es cierto, pero después vemos que Jesús no es sólo el Señor pero es Rey de Reyes y Señor de Señores, y su nombre es sobre todo nombre. La declaración 'Jesús es el Señor' es verdad, pero la declaración 'Jesús es Señor de Señores' es una progresión de esa verdad. Saber esto debe hacernos caminar en esta verdad; acuérdate de Andrés que contempló al Cordero y lo siguió.

Juan el Revelador tenía una pepita de oro. Él dijo, *"Pues mucho me regocijé cuando vinieron los hermanos y dieron testimonio de tu verdad, de cómo andas en la verdad. No tengo yo mayor gozo que este, el oir que mis hijos andan en la verdad"* (3 Juan 3,4). La Verdad es interna, sólo la verdad interna puede deleitarse tras la Ley de Dios. Sólo Jesús puede enseñarnos a amar la Ley porque Él la cumplió. También pagó el precio para que todos los infractores de la ley salieran de la cárcel libres. La realidad interna que la Palabra de Jesús forma en nosotros es lo que debe determinar 'dónde' y 'cómo' caminamos. Tenemos que ser guiados por la Verdad, de otra manera estaremos perdidos y engañados. Si nuestra creencia no es consistente con nuestra experiencia, entonces nuestra creencia es simplemente teoría y no creencia. Cuando no podemos demostrar lo que creemos, somos unos hipócritas. Si las personas no nos siguen, entonces no somos líderes. Si señales y prodigios no nos siguen, entonces no somos creyentes que creen. Jesús dijo, "Y estas señales seguirán a los que creen." Verdadera creencia produce una manifestación. Prodigios y señales nos siguen y no nosotros a ellos. El anticristo tendrá sus seguidores por sus señales y prodigios, pero a la verdadera Iglesia de Cristo todavía les seguirá las señales y prodigios. El enemigo no persigue algo que no lo amenace. Creo que los dos profetas de Apocalipsis 11 son puestos a muerte porque su poder era superior al del anticristo. Entonces el Espíritu de Vida entró en ellos y se levantaron sobre sus pies, comprobando que Jesús es el Vencedor. Los que tienen la verdad en sus entrañas caminan naturalmente en la verdad porque la verdad no es hipócrita. Así como Jesús no nos pidiera que entregaramos nuestras vidas si Él no hubiera entregado la suya. La Verdad predica con el ejemplo; es vista y oída. La pregunta es esta, ¿Tenemos la Verdad o información sobre la Verdad? ¿Podemos explicar el proceso de santificación o estamos santificados? Tenemos que ser capaces de explicar lo que tenemos, pero realmente tenemos que tenerlo. Si estamos en la esclavitud del pecado, no estamos en la Verdad porque conocer la Verdad es estar libre de pecado. La Palabra de Dios no está encerrada ni presa, tampoco la Verdad. Los grandes planes de Dios no pueden llevarse a cabo desde un calabozo. Pero hay buenas noticias, aunque seamos cautivos o infractores de la ley, Él proclama libertad a través de la Verdad del Evangelio. Esto es el Evangelio, podemos estar libres. Es un hecho que muchos piensan que las malas noticias lo controlan todo y que los programas de televisión son la señal de los tiempos. La Verdad del Evangelio controla el tiempo, no el canal de televisión CNN. La Biblia dice, "Y será predicado este evangelio del reino en todo el mundo, y entonces vendrá el fin." Esto significa que el Evangelio es para los malos tiempos. Estamos supuestos a estar en el espíritu contrario del que tiene el sistema mundial. Mientras hay malas noticias, estamos supuestos a compartir las 'Buenas Nuevas.' El mundo estaba en hambruna, José tenía pan, Babilonia necesitaba revelación; buscaron a Daniel. Los Cristianos hablan todo tipo de boberia, como por ejemplo, 'Yo no estoy llamado a los perdidos.' ¿Qué tal si Jesús no hubiese venido a los perdidos? Con una declaración así debe que tú estes perdido. Los creyentes incrédulos usan todas las excusas habidas y por haber para no hacer las cosas simples que Cristo nos ungió para hacer. La Iglesia ha permitido que los desengaños y temores cambien su doctrina y forma de vida. Es tiempo de volvernos a la Verdad y la sencillez de la misma. Por ejemplo, leer la Biblia y cumplir lo que dice mientras oramos, ayunamos, testificamos, sanamos a los enfermos, vigilias de noche y predicación por el día. Llegará el momento que nadie podrá trabajar, ¿porqué no tomar ventaja de la libertad mientras que la tenemos? Cuando oramos a un Dios vivo que oye nuestras oraciones, lo próximo es predicar sobre ese Dios. Cuando la oración y la reunión de oración se convierte en ídolos carismáticos nos quedamos encerrados en la Iglesia, perdidos en el edificio con Jesús tocando a la puerta. Tal vez si salimos, veremos a Jesús en el enfermo o en el hambriento - ¿quién sabe? Lo que puede suceder es que alguien se salve y se santifique. Hay muchos diezmadores fuera del edificio, pienso que si digo eso, tal vez alguien saldrá afuera. La Iglesia necesita una vacuna de 'sí misma' que sólo la cruz puede ofrecer. Necesitamos que la verdad de la Palabra de Dios nos penetre, o no habra esperanza para el mundo. El mundo quiere la verdad. Ellos quieren algo sólido y firme que no se doble cuando las tormentas de la vida vengan. Ellos quieren al Jesús auténtico que todavía tenemos que mostrarles y ofrecerles el agua de vida. En cambio, algunos venden agua en la televisión y la llaman 'agua bendita', ¡Dios ten misericordia de nosotros!

Capítulo 15
Mirando A Jesús

"Puestos los ojos en Jesús, el autor y consumador de la fe, el cual por el gozo puesto delante de Él sufrió la cruz, menospreciando el oprobio, y se sentó a la diestra del trono de Dios" (Hebreos 12:2).

Este verso es maravilloso y lleno de vida. Nos dice que miremos a Jesús quien resistió la cruz, resucitó y ahora está sentado a la diestra del Padre. Esto resume la vida Cristiana, el verdadero Cristiano tiene que estar bien familiarizado con la cruz en la cual ha sido crucificado con Cristo. Además, el Cristiano también tiene que diariamente acercarse confiadamente al trono de la Gracia junto con morir a uno mismo. Antes de hacer algo, necesitamos que nuestro hombre interior vea y oiga a Jesús, o estaremos involucrados en muchas vanas obras. La cruz es para que la carguemos y el trono es para que nos sentemos. Por eso tenemos que reposar de nuestras obras, ¡que invitación! Todo el asunto es bien simple; vemos a Jesús y entonces lo perseguimos. "Toma tu cruz y sígueme", eso es perseguir. "Acércate confiadamente al trono", esto es persiguiéndolo también. Cualquier cosa saludable que sea producto del ministerio comienza con perseguirlo a Él o Él persiguiéndonos a nosotros. El punto de mirar a Jesús es podernos acercar y ser como Él, no es para tener una buena anotación en el diario o un gran ministerio. Ver a Jesús con nuestro espíritu de seguro que ampliará nuestro corazón.

Me gusta mucho el libro de los Hebreos. Contiene declaraciones profundas como estas: *"Pero vemos a aquel...a Jesús"* (Hebreos 2:9); *"Puestos los ojos en Jesús"* (Hebreos 12:2); *"Considerad al Apóstol y Sumo Sacerdote de nuestra profesión, Cristo Jesús"* (Hebreos 3:1).

Jesús es mencionado tanto que es maravilloso. Jesús dijo, "El Espíritu del Señor está sobre mí, por cuanto me ha ungido para dar buenas nuevas a los pobres." Esa es la proclamación de un evangelista, porque un evangelista predica las buenas nuevas. También oímos evangelistas de malas noticias, a veces los evangelistas que nadie escucha se convierten en profetas como Jonás.

Es muy importante conocer a Jesús en la cruz y verlo colgando ahí por nosotros. No hay acceso al trono a no ser que conozcas a Jesús en la cruz y seas lavado en Su preciosa sangre. La Escritura nos dice, "Acercaos a Dios, y Él se acercará a vosotros." También la Escritura nos enseña que la sangre de Cristo nos acerca.

(Santiago 4:8 y Efesios 2:13). Si la sangre nos acerca y fue la idea de Dios que tuviéramos la Biblia y la Biblia nos dice que nos acerquemos, entonces pienso que Dios quiere estar bien cerca de nosotros. Solamente ver a Jesús nos puede ayudar con la gran cantidad de problemas que enfretamos en esta hora. La mayoria de las diferencias doctrinales y divisiones de la Iglesia son porque las personas no ven a Jesús.

Me encanta el libro de Daniel porque Jesús se manifiesta de muchas maneras diferentes, enamora mi corazón una y otra vez mientras medito sobre Su manifestación y espero que se manifieste. Cuando vuelva todo ojo le verá. Algo que noté en el libro de Daniel es que los cuatro jóvenes no tenían diferencias doctrinales, no tenían debates públicos y no habia discordia entre ellos. No se peleaban por una posición y no estaban en competencia. La razón fue que todos vieron a Jesús y fueron librados por Él de sus adversarios. No había compromiso en ninguno de ellos y su devoción provocó a Jesús a venir a rescatarlos. Por la devoción de estos jóvenes a Su Palabra otros vieron a Jesús. Ellos no doblaron sus rodillas a otros dioses. Daniel no paró de doblar sus rodillas al verdadero Dios y mirar hacia la ciudad donde Su nombre estaba escrito. Daniel fue promovido por medio de su inflexible devoción al Dios del Cielo, quien vino a la tierra a su favor. La realidad de una relación auténtica con Dios es que funciona en ambos sentidos, te acercas confiadamente al trono y el que está en el trono te persigue. Tu oras en Su nombre y Él ora por tí. Él te habla para que le hables a Su pueblo. Es de ida y vuelta. Esta es la realidad para los que oyen y ven a Jesús con su espíritu. Esto naturalmente fortalece a nuestro hombre interior, muy parecido a orar en el Espíritu, lo cual fortalece nuestra santa fe.

Reflexionar sobre las diferentes maneras en las que Jesús se manifestó en las Escrituras verdaderamente ayudará nuestro caminar con Él, y será refrigerio para nuestros huesos. Meditar sobre Jesús en las Escrituras es la razón por la cual Dios nos dió la Biblia. El mismo Jesús le declaró a los discípulos lo que las Escrituras decian de Él. Las Escrituras no son para debatir, pero para hacernos sabios a la salvación mientras vemos al Salvador en cada página. Las Escrituras son como Jesús, enteramente inspirada por Dios y enteramente escrita por la mano del hombre. Jesús fue enteramente Dios y enteramente hombre. Nacido de una virgen y manifestado en la carne. Él es el Cordero de la Pascua, el holocausto. En las Escrituras, los versos que Jesús declaró no fue por cualquier razón, es porque Él quiere llevarnos en un viaje a las Sagradas Escrituras para revelarse a nosotros. Cuando comencemos en este viaje será el principio de un corazón apasionado, lo cual es un estilo de vida.

Él nos da nuestro pan diario. De todos modos, fue Su idea desde el principio. Si nuestra luz va a brillar, nuestros corazones tienen que estar ardiendo de pasión para el Hijo de Dios. Un corazón frio no tiene luz, porque la luz de la revelación de Dios es lo que causa que nuestros corazones ardan de pasión. Los corazones de los discípulos ardían dentro de ellos cuando las Escrituras fueron abiertas y ellos la vieron desde el punto de vista de Jesús. Tenemos la mente de Cristo, para continuamente vivir en el lugar de revelación y comprobar la voluntad de Dios y agradar a nuestro Padre. Los discípulos vieron las Escrituras a la luz de la perspectiva de Jesús y esto causó que sus corazones ardieran. Ver a Jesús es el principio de todo y luego vemos a través de Sus ojos. Entonces vemos a otros y aún a nosotros mismos a través de Sus ojos, de ahí viene la mente de Cristo. Nuestros ojos naturales no nos dicen lo que estamos viendo, nuestro cerebro le dice a nuestros ojos lo que ellos están transmitiendo. Así es en el Espíritu, por eso necesitamos la mente de Cristo, para ver la voluntad del Padre. No ver a Jesús pondrá a muchos en el lago de fuego por toda la eternidad. Ver a Jesús naturalmente cambia a los que lo ven espiritualmente. Sólo preguntale a los dos ciegos que lo vieron con sus espiritus y clamaron, "¡Ten misericordia de nosotros, Hijo de David!" y Él los sanó. Jesús no les dió dos dolares o una taza de café, les abrió sus ojos ciegos. Eso es misericordia espiritual, no compasión carnal como la tienen los paganos. Yo creo en alimentar al pobre y dar un vaso de agua fría, pero creo que señales y prodigios siguen al creyente que está siguiendo a Jesús. ¿No dice eso la Biblia?

Mateo 25 se refiere a dos clases de personas, los que conocen a Jesús y salen a encontrarse con Él, y los que no lo conocen, a los que Jesús les dice "apartaos de mi, no os conozco." Cada persona del mundo se encuentra en una de estas categorías.

Las cinco vírgenes insensatas todas andan juntas y el hombre es su fuente. Ellas tratan de comprar aceite de las vírgenes prudentes pero ellas no están dispuestas a venderlo. Sin aceite en las lámparas no tienen luz para el camino, no pueden ver. Esto es un grave problema, el cual claramente se ve al final del capítulo.

"Porque tuve hambre, y no me disteis de comer; tuve sed, y no me disteis de beber; fui forastero, y no me recogisteis; estuve desnudo, y no me cubristeis; enfermo, y en la cárcel, y no me visitasteis. Entonces también ellos le responderán diciendo: Señor, ¿cuándo te vimos hambriento, sediento, forastero, desnudo, enfermo, o en la cárcel, y no te servimos? Entonces les responderá diciendo: De cierto os digo que en cuanto no lo hicisteis a uno de estos más pequeños, tampoco a mí lo hicisteis. E irán éstos al castigo eterno, y los justos a la vida eterna." (Mateo 25:42-46).

Estos hombres y mujeres no vieron a Jesús en el rostro de las personas en necesidad. Un ministerio en su forma más pura es servir a aquellos que no pueden devolver el favor. Hacer algo por el que no puede hacer nada por tí es un ministerio Cristo-centrico. Nosotros no podemos hacer nada por Él, porque Él murió por nosotros cuando estabamos muertos en nuestro propio pecado. Él vió el tesoro de la perla a través de la cáscara de una ostra, y pagó con Su misma vida. Mientras vemos a Jesús, veremos lo que Él ve. Los que no lo veían fueron los que Él más ministró en la tierra. ¿Leyeron sus Biblias, o simplemente querian sacarle ventaja a Jesús? La humildad de Jesús es impresionante; el Cordero sin mancha se identifica con un pecador que está en la cárcel. El Jesús que nos sana por Sus heridas es el mismo que se identifica con el enfermo. El verdadero Pan de Vida tuvo hambre, el mismo Jesús, que da el agua que hará que nunca vuelvas a tener sed tenía sed y nadie vino a Él. La razón es que ellos no vieron a Jesús. Acuérdate que los dos ciegos vieron a Jesús a través de su necesidad. Las personas que no ven a Jesús, no lo ven en la persona necesitada. Estas personas desconocen la necesidad que tienen de Jesús y paran de servirlo debido al hecho de que no lo ven. No puedes servir a Jesús si no lo ves. Existe otro grupo clásico de personas que no ven a Jesús. La iglesia de Laodicea - ellos están tan bendecidos de bienes materiales que no ven que Jesús no está en su iglesia. El Jesús que fue destrozado en el madero, el Jesús cuya sangre fue derramada de Su cuerpo por ellos, tiene una palabra verdadera y oportuna. Acuérdate, este es el mismo Jesús que dijo, "Nunca te dejaré, ni te desampararé", pero Él no dijo, "no te vomitaré de mi boca." En Apocalipsis 3:17, Jesús les llama cinco nombres en Su perfecto amor. Ellos son desventurados, miserables, pobres, ciegos y desnudos. Esto realmente me impacta. ¿Cómo puede el Señor decir todas estas cosas en perfecto amor? Jesús los insulta y despues trata de venderle algo en el próximo verso. *"Por tanto, yo te aconsejo que de mí compres oro refinado en fuego, para que seas rico, y vestiduras blancas para vestirte, y que no se descubra la vergüenza de tu desnudez; y unge tus ojos con colirio, para que veas"* (Apocalipsis 3:18). Mientras leo esto el temor del Señor me sobrecoge, pero mi corazón se regocija mientras mi espíritu recibe las palabras del Dios vivo. Jesús es impresionante y maravilloso, les vende algo a los que Él compró con Su sangre. Jesús es el único que vende algo para hacerte rico. Otros vendedores venden cosas para su beneficio, sin embargo Jesús desea que seamos ricos, incluso después de haber derramado hasta la última gota de Su sangre por tí. Perfora mi corazón el ver como Jesús hace una oferta única a los que quieren hacer una oferta costosa. Cuando somos pobres en espíritu tenemos acceso a las riquezas de Su gracia. ¡La mayoria de los vendedores te persuaden con adulaciones para venderte algo, pero Jesús no es así! Los caminos de Jesús son impresionantes. Jesús me quita el aliento y hace que mis ojos lagrimeen a menudo. Los ojos que no lagrimean necesitan colirio con mayor frecuencia que los ojos que lloran. Jesús tiene la respuesta para el problema de Laodicea, pero no es gratis. Le costará todo al comprador. ¿Estamos dispuestos? Los ojos que necesitan ser ungidos y la lámpara que necesita aceite. Jesús ha sido y es todo lo que necesitamos. Jesús no vendió nada en Su ministerio terrenal, pero desea que compremos oro refinado en fuego. Para comprar algo de alguien que no podemos ver, requiere fe. Si no podemos ver a Jesús en el necesitado delante de nosotros, ciertamente no estamos listos para Su regreso. En ese aspecto, lo último que queremos oír es de Jesús viniendo en un caballo blanco para hacer guerra en la tierra. El Jesús que viene en un caballo blanco, viene a vengarse de todo lo que obstruye el amor. No habrá variables cuando regrese y nadie lo podrá parar. No habrá reunión de oración que impida el cumplimiento de Su Palabra. Ninguna imagen ecuménica de lo que los hombres representan a Jesús será capaz de soportar el calor ardiente de Su venida. El día grande y terrible del Señor se acerca, tenemos que oír a Jesús hoy. La Iglesia de Laodicea no reconoció que Jesús no estaba en medio de ellos. Su abundancia los cegó a la única cosa que tiene valor – Jesús. Observa la humildad y bondad de Jesús cuando toca a la puerta, deseando entrar y comer con ellos después que ellos se olvidaron de Él. El próposito de la Escritura no es para golpear a Laodicea, pero para mostrar la humildad y la grandeza de Jesús y como Él busca aún aquellos que se han olvidado de Él. Ilustra como Él quiere hacernos ricos a través de lo que Él hizo por nosotros. El hecho es que Él quiere comer con nosotros y desea que nos sentemos en Su trono con Él. Nos ha invitado a que nos acerquemos confiadamente. Piensa en el privilegio de Su sangre, nos dice que nos acerquemos confiadamente, sin embargo, humildemente toca en nuestra puerta. Él es tan bueno, quiere que veamos y gustemos. Entonces, naturalmente le diremos a los demás y se llenará Su casa. Si gustamos, veremos .....

"El que tiene oído, oiga lo que el Espíritu dice a las iglesias" (Apocalipsis 3:22).

Capítulo 16
Viviendo De Cada Palabra Que Sale De la Boca de Dios

Vivimos de lo que procede, no de lo que procedió. Por eso necesitamos nuestro pan diario. Cuando tenemos oídos para oir lo que el Espíritu está diciendo, es para que podamos vivir de lo que eschuchamos y por lo que escuchamos. Jesús entendió esto muy bien, porque esta Verdad esta arraigada en Él que es la Verdad. Cada vez que Jesús terminaba Su discurso a las siete iglesias en el libro de Apocalipsis, Él decia, *"El que tiene oído, oiga lo que el Espíritu dice a las iglesias."* Fe no viene por haber oido, pero viene por continuamente oir. Tenemos que vivir en el presente con Dios o seriamente podriamos perder lo que Dios quiere decir o hacer.

Isaac definitivamente entiende que vivimos de cada palabra que sale de la boca de Dios. Si Abraham no hubiera escuchado al Ángel del Señor desde el cielo hablando la Palabra precisa de Dios, él hubiera muerto. Verdaderamente que vivimos de cada palabra que sale de la boca de Dios, pregúntale a Isaac cuando llegues al cielo. Me imagino a Isaac como parte de la gran nube de testigos sonriéndole a su padre Abraham cuando Jesús le dijo a Satanás, "El hombre vive de cada palabra que sale de la boca de Dios." *"Él respondió y dijo: Escrito está: No sólo de pan vivirá el hombre, sino de toda palabra que sale de la boca de Dios"* (Mateo 4:4). Cuando tenemos oídos para oir lo que el Espíritu está diciendo, es para que podamos vivir de lo que escuchamos y por lo que escuchamos. Cuando verdaderamente tememos a Dios, nuestro deseo principal es escucharlo y obedecerlo. En la obediencia de la fe que viene de escuchar la Palabra de Dios, el mundo puede ver nuestro amor por Jesús. Jesús ilustró el amor radical para el Padre obedeciéndolo y escuchándolo incluso cuando el Padre estaba callado.

"Porque la vida de la carne en la sangre está, y Yo os la he dado para hacer expiación sobre el altar por vuestras almas; y la misma sangre hará expiación de la persona" (Levítico 17:11). Este verso nos muestra varias cosas. Una de ellas es que el aborto es asesinato, porque el bebé que los médicos salvajes y hambrientos de dinero llaman un "feto" es claramente una persona viva por la sangre que corre en sus preciosas venitas. En esto, claramente aprendemos que la "vida está en la sangre." Debido a este hecho, vamos a adelantar algunos miles de años e ir directamente a Jesús en el Getsemaní. Aquí lo encontramos orando. Es típico que la iglesia está durmiento y Jesús está orando.

"Y Él se apartó de ellos a distancia como de un tiro de piedra; y puesto de rodillas oró, diciendo: Padre, si quieres, pasa de mí esta copa; pero no se haga mi voluntad, sino la tuya. Y se le apareció un ángel del cielo para fortalecerle. Y estando en agonía, oraba más intensamente; y era su sudor como grandes gotas de sangre que caían hasta la tierra. Cuando se levantó de la oración, y vino a sus discípulos, los halló durmiendo a causa de la tristeza" (Lucas 22: 41-45). Jesús está orando y el Padre no está hablando. El Padre responde, pero sin palabras. Jesús vivía de cada palabra que salía de la boca de Dios. Por lo tanto, cuando Dios, Su Padre paró de hablar, Jesús comenzó a sangrar, porque la vida está en la sangre y Su sangre goteaba de Él porque el Padre no le estaba hablando. El Padre envió al ángel para fortalecerlo para que Él

pudiera entregar Su vida. Cuando Jeremías dijo, "Vemos la Palabra del Señor," creo que se refería a Jesús. La belleza de la Palabra es que vemos a Jesús. Mientras leemos la Palabra de Dios y Él abre los ojos de nuestro entendimiento, comenzamos a ver la gran invitación que tenemos en Cristo Jesús. Comenzamos a descubrir las riquezas inescrutables de Cristo a medida que Su Palabra comienza a habitar ricamente en nosotros. Cristo nos comparte Sus inescrutables riquezas permitiendo que Su Palabra habite en nosotros en toda riqueza y sabiduría. En el libro de Proverbios aprendemos que las riquezas naturales no se comparan a la sabiduría divina. La riqueza espíritual proviene de la Palabra de Dios y es aplicada a nuestras vidas por el Espíritu Santo que mora en nosotros. Mientras declaramos la Palabra de Dios, el Espíritu de Dios se comienza a mover.

Antes que el Espíritu del Señor reposara sobre David, Dios primero le habló a Samuel y lo instruyó acerca de quien ungir. Cuando Dios escogió a David fue en contra de la opinión de Samuel que es muy parecida a la nuestra basada en lo que vemos. La Palabra de Dios es contra la carne, ambos la Palabra de Dios y Su Espíritu se oponen a la carne y a sus deseos. Si verdaderamente vivimos dirigidos por lo que Dios nos dice, Él estará en control y no nosotros. Jesús es nuestro Señor cuando hacemos lo que Él nos dijo en Su Palabra y lo que nos dice por Su Espíritu. Por medio de nuestra obediencia a lo que Jesús está diciendo lo hacemos visible a los que están a nuestro alrededor; esto se llama 'el ministerio.' Samuel ungió a David bajo la Palabra del Señor. Entonces David en el Salmo 23 dice, "Unges mi cabeza con aceite." Mientras leía esto, el Señor me habló y me dijo, "Adán, Yo nunca ungí la cabeza de David, fue Samuel. Sin embargo, cuando él obedeció Mí Palabra, Samuel se hizo invisible y David me vió a Mí." La obediencia de la fe manifiesta a Jesús, y esto es el verdadero ministerio. Estar en el ministerio no es simplemente servir a Dios, pero manifestar quien Él es verdaderamente. Muchas personas han tergiversado a Jesús. Escuchar a Dios y obedecerlo nos permite verdaderamente representarlo. Esto nos hace parte de la solución, y esto es una buena noticia.

Capítulo 17

Haz Engrandecido Tu Nombre Y Tu Palabra Sobre Todas Las Cosas

"Me postraré hacia tu santo templo, y alabaré tu nombre por tu misericordia y tu fidelidad; porque has engrandecido tu nombre, y tu palabra sobre todas las cosas" (Salmo 138:2).

Mientras estudiaba estos versos un día me detuve y pensé, Señor realmente no entiendo esto. ¿Cómo exaltas tu nombre y tu palabra sobre todas las cosas? Me dijo, "Sencillo, con Mi Palabra he creado todas las cosas. Todo se sujeta a Mi Palabra. En el mundo que Yo he creado, soplé Mi vida conforme a la Palabra que hablé a través de mis siervos los profetas. Cuando durante tres días no podías llamar a Mi nombre, Mi Palabra guardó Mi cadáver y al planeta donde le ordené que estuviera. Incluso cuando estaba muerto, Mi Palabra estaba viva. Por Mi Palabra y por el Espíritu de Santidad, me levanté de los muertos. Por lo tanto, tengo la autoridad de poner Mi vida y volverla a tomar; todo es para la gloria de Mi Padre."

Cuando el Señor me habló estas palabras, mi corazón fue quebrantado. Empecé a llorar, abrumado por la grandeza de Jesús y por Su bondad en contestarme inmediatamente sobre un tema tan profundo. En el Evangelio de Juan Jesús dijo, "Porque el Padre ama al le muestra todas las cosas que Él hace..." Fue el amor del Padre que permitió que Jesús me respondiera por medio de Su Espíritu Santo, esto es abrumador para cualquier persona que tenga un latido de corazón. Si pasas tiempo en la Palabra de Dios te fascinarás profundamente con el Hijo de Dios. Una de las formas en las que Dios comunica amor a Sus hijos es por revelación, por lo tanto, "El Padre ama al Hijo y le muestra todas las cosas." La voz de Dios es para manifestar la revelación de Jesucristo. Cuando Jesús fue bautizado en el Río Jordán, la voz audible de Dios y el derramamiento del Espíritu Santo fueron ambos enfocados directamente sobre Jesús. El estudio de la Palabra, la voz del Padre y el derramamiento del Espíritu son todas centradas en la persona de Cristo Jesús. La voz de Dios y el poder del Espíritu Santo son para manifestar la revelación de Cristo Jesús.

Mi oración es que puedan conocer y sentir el amor del Padre para Su Hijo Jesús y la manera en que Jesús conocía el amor del Padre, que lo conozcan y permanezcan en Su amor, y lo compartan con un mundo moribundo.

weseejesus
MINISTRIES

Adam LiVecchi, the leader of We See Jesus Ministries, lives by faith and has a heart to bring the Word of the Lord to the Body of Christ. His ministry is an itinerant ministry based in Northern NJ. As a result of the Lord's leading he has had the opportunity to minister internationally in Honduras, China, Mexico, Philippines, India, Peru, Dominican Republic, Brazil, Nicaragua, Haiti, Canada, Uruguay and all across the United States.

We See Jesus Ministries seeks to build the Kingdom of God through equipping the local church and delivering the Gospel message with signs and wonders following. Adam has the privilege of traveling with his beautiful wife, Sarah, and his brother, Aaron, who are both anointed musicians. Adam is also the co-leader of Voices in the Wilderness School of the Prophets rooted out of his local church in Woodland Park, NJ. Adam and Sarah LiVecchi look forward to building long lasting relationships that lead to sustainable change for the glory of King Jesus.

We See Jesus Ministries
31 Werneking Place
Little Ferry, NJ 07643
(973) 296-9050
WeSeeJesusMinistries.com
info@weseejesusministries.com

Voices in the Wilderness
School of the Prophets
86 Lackawana Ave
Suite 243
Woodland Park, NJ 07424
VoicesintheWilderness.us
info@voicesinthewilderness.us

www.ingramcontent.com/pod-product-compliance
Lightning Source LLC
LaVergne TN
LVHW012349220826
846091LV00016B/4176